國民政府抗日戰場中的反細菌戰

（一）

Anti-Germ Warfare during the Second Sino-Japanese War

Section I

目錄

導言

許峰源
國家發展委員會檔案管理局應用服務組研究員

　　1937 年 7 月 7 日，七七蘆溝橋事變爆發，揭開中日八年戰爭的序幕。戰爭初始，日軍憑恃優越軍備武器，在中國發動大規模攻擊，亟欲在最短時間內殲滅國軍與地方反抗勢力，達到占領全中國的目的。在日軍凌厲攻勢與大範圍轟炸下，中國愈來愈多城市遭到無情戰火波及，遍地滿目瘡痍，許多民眾不堪戰事侵擾，被迫舉家避難而流離失所。至 11 月，中國首都南京淪陷，國民政府冀望救亡圖存，緊急宣布中央部會遷往重慶，各級機關與軍隊隨即倉皇撤往西南大後方，拉長抵抗日軍的戰線。中國採取以拖待變計策，觀察國際形勢變化，積極爭取他國支援，抵禦日軍攻擊。反觀，日軍採取速戰速決策略，軍隊長驅直入中國內部，卻受到戰線拉長影響，物資運送與後援補給出現困難，非但左右在華軍事行動，也粉碎短期內征服中國的計畫。

　　在中日戰爭爆發前後，日軍開始試驗各類疫菌威力，伺機在戰場上發動細菌戰。至 1940 年，日軍為突破中日戰爭僵局，調整作戰策略，鑑於細菌戰具有強大殺傷力、成本低廉特性，又兼具重創中國軍民士氣、降低國軍戰鬥力、折損國民政府威信的多重目的，不惜違反 1925 年《日內瓦國際公約》規定，在浙江、湖南、

江西、雲南啟動細菌戰疫。從此時起，日軍在不同區域
散播各類毒菌，威脅民眾生命安全、耗損國軍作戰能
力、混亂中國社會秩序，更嚴重污染生態環境，導致傳
染病不斷復發，影響至為深遠。

　　日軍釀造的人為傳染病，以鼠疫傳播速度最快，短
時間內即可造成人員傷亡，讓中國社會陷入極度恐慌。
以浙江而言，從 1940 年 10 月起日本軍機載運米、麥、
粟、棉花，混雜鼠疫桿菌、跳蚤，先後在衢縣、鄞縣
（今寧波）、金華上空撒落。當鼠隻接觸毒物發病，迅
速透過寄生跳蚤導向人體，引起鼠疫大流行。日軍又繼
續在湖南、江西如法炮製，讓鼠疫毫無預警現蹤。易言
之，國軍疲於奔命抵抗日軍攻擊時，尚得嚴防鼠疫隱形
威脅；各地民眾飽受戰火迫害之苦，必須留意鼠疫無情
殘害。當各省、縣、市遭到日軍細菌戰攻擊，地方政府
必須隔離病患施予治療，並且設法圍堵疫源擴散。值此
之際，中央政府勢必調查災患緣起，掌控疫癘變化，防
堵疫情擴散，從而存續中國對日抗戰的整體戰力。

　　日軍組織細菌戰部隊、試驗生化武器，在中國發動
細菌戰，已是中外學界探索焦點。早期，隨著日本當年
參與細菌戰人員的口述資料彙整、出版，引起各界關
注。當 1993 年《井本日誌》揭開細菌戰是日軍最高當
局戰爭行為，引發日本學者震撼與檢討，例如森村誠一
《惡魔的飽食——日本 731 細菌戰部隊揭秘》揭露細
菌戰部隊作戰實況，痛陳日軍殘忍行徑。[1] 當日本愈來

1　森村誠一，《惡魔の飽食：「関東軍細菌戰部隊」恐怖の全貌》

愈多研究投注細菌戰，國際間亦撻伐日軍不法行徑，例如美國學者哈里斯利用美國解密檔案撰寫《死亡工廠——美國掩蓋的日本細菌戰犯罪》，譴責日軍在華的殘忍作為，及其在太平洋戰爭期間也對美軍施展細菌戰攻擊。[2] 值得注意的是，2011 年日本國會圖書館《金子順一論文集》公諸於世，透過 731 部隊秘密研究細菌戰文稿，清楚記錄 1940 至 1942 年間日軍在浙江、湖南進行細菌戰詳細計畫。前述《井本日誌》被發現後，日本大抵承認 731 部隊的存在，仍然無法確認細菌戰是否屬實。當《金子順一論文集》與《井本日誌》相互印證，細菌戰歷歷在目，迫使日本政府必須正視細菌戰之事實，妥善解決中日歷史爭議。

中國改革開放後，大陸學界開始投向日軍細菌戰研究。雖然起步較晚，但近年來中央、地方檔案館相繼公開、出版歷史檔案，[3] 吸引愈來愈多人的關切，譬如湖

（東京：光文社，1981）。森村誠一著，駱為龍、陳耐軒譯，《惡魔的飽食——日本 731 細菌戰部隊揭秘》，全三冊（北京：學苑出版社，2014）。

2　Sheldon H. Harris, *Factories of Death: Japanese Biological Warfare, 1932-1945, and American Cover-up* (New York: Routledge, 1994). 謝爾頓・H・哈里斯（Sheldon H. Harris）著，王選等譯，《死亡工廠——美國掩蓋的日本細菌戰部隊》（上海：上海人民出版社，2000）。

3　《細菌戰與毒氣戰》（北京：中華書局，1989）。義烏市檔案館編，《侵華日軍義烏細菌戰民國檔案匯編》（北京：中國文史出版社，2016）。李海軍等編譯，《侵華日軍細菌戰重要外文譯介》（北京：中國社會科學出版社，2018）。中共浙江省委黨史和文獻研究室、浙江省檔案館合編，《日軍侵浙細菌戰檔案資料匯編（全十冊）》（浙江：浙江人民出版社，2015-2019）。張華編，《罪證：侵華日軍常德細菌戰史料集成》（北京：中國社會科學出版社，2015）。

南文理學院設置細菌戰罪刑研究所，組織研究團隊一同鑽研，傾力投入細菌戰研究。另一方面，受害者口述歷史的整理，以及大規模田野調查相繼出爐，也讓細菌戰討論議題趨於多元。[4] 奠基於此，大陸學者探研日軍發動細菌戰原委、各地鼠疫流竄情形、民眾生命財產損失，追蹤長時間鼠疫病源破壞生態、汙染環境，累積日軍在華細菌戰與中國反細菌戰等研究成果。[5] 無疑的，反細菌戰研究成果舉證歷歷，異口同聲譴責日軍違背國際正義，必須追究日本戰爭責任，爭取合理賠償，[6] 頓時讓中日關係陷入暗潮洶湧，浮現不安狀態。

　　受 1949 年以降兩岸分治影響，中國大陸反細菌戰

4　如謝忠厚編著，《日本侵華細菌戰研究報告》（北京：中共黨史出版社，2016）。朱清如，《控訴：侵華日軍常德細菌戰受害調查》（北京：中國社會科學出版社，2015）。轟莉莉，《傷痕：中國常德民眾的細菌戰記憶》（北京：中國社會科學出版社，2015）。

5　相關研究，可參見邱明軒編著，《罪證——侵華日軍衢縣細菌戰史實》（北京：中國三峽出版社，1999）。解學詩、松村高夫等，《戰爭與惡疫：七三一部隊罪行考》（北京：人民出版社，2000）。陳先初，《人道的顛覆：日軍侵湘暴行研究》（北京：社會科學文獻出版社，2004）。金城民，《日本軍細菌戰》（哈爾濱：黑龍江人民出版社，2008）。丁曉強等著，《關於浙贛地區日軍細菌戰的調查研究》（北京：社會科學文獻出版社，2012）。沙東迅，《侵華日軍在粵細菌戰和毒氣戰揭秘》（廣州：廣東高等教育出版社，2015）。陳致遠，《紀實：侵華日軍常德細菌戰》（北京：中國社會科學出版社，2015）。陳致遠，《日本侵華細菌戰》（北京：中國社會科學出版社，2015）。

6　中國大陸細菌戰研究成果和研究取向等介紹，可參見陳致遠、朱清如，〈六十年來國內外日本細菌戰史研究述評〉，《抗日戰爭研究》，2011年第 2期，頁 138-150。孟曉旭，〈日軍侵華細菌戰研究述論〉，《抗日戰爭研究》，2011年第 3期，頁 106-116。謝忠厚，〈侵華日軍細菌戰研究述論〉，《抗日戰爭研究》，2011年第 3期，頁 153-160。張麗梅，〈近 10年來侵華日軍細菌戰研究綜述〉，《北京大學學報（社會科學版）》，第 7卷第 4期（2006年 8月），頁 53-57。

研究多聚焦於各省、縣、市政府的防疫作為，盡其所能協助民眾重整家園。受到意識形態的限制，以及無法得見國民政府防杜細菌戰檔案、資料，大抵歸結中央政府對日軍細菌戰毫無反應，肆意放任災疫擴散，造成中國莫大損傷。簡言之，中國大陸學界反細菌戰研究偏重地方政府調查疫情、隔離與治療傷患，設法阻絕災疫擴散等面向。例如《日軍在浙江細菌戰專題研究》全書 28 萬字，透過詳實檔案史料，以 26 個專題討論疫菌來源、疫情傳播、疫區範圍、傷亡情況、環境破壞程度，盤整日軍在浙江發動細菌戰後，浙江省及所轄縣、市抗衡細菌戰的表現，[7] 唯獨未得見國民政府任何防疫舉措。

　　必須思考的是，整合各省疫情資訊、頒定全國防疫規章、教化全民防疫知能、有效調撥全國防疫物資，爭取國際防疫物資援助、向國際撻伐日軍殘暴行徑，都是中央政府的職責。國民政府為救亡圖存、保存戰力，各類防疫舉措刻不容緩，尤其各項防疫決策上行下效，涵蓋面向至深且廣。倘若能夠考察國民政府防疫作為，對照當前中國大陸學界探索各省防疫成果，即可顯現中國從上到下齊心反細菌戰的努力，檢視中央與地方落實防疫決策的績效。

　　1949 年底，許多當年中央政府對抗細菌戰的檔案資料，隨著中華民國政府輾轉撤退至臺灣。目前，這些

7　中共浙江省委黨史研究室，《日軍在浙江細菌戰專題研究》（浙江：浙江人民出版社，2015）。

珍貴的紀錄大部分典藏於國史館與國家發展委員會檔案
管理局。國史館《行政院檔案》、《外交部檔案》保存
〈防治浙江衢縣鼠疫〉、〈浙江省衛生處防疫指導所組
織規程及醫療防疫隊組織規程〉、〈浙江省各縣防疫實
施辦法〉、〈日機於浙江省空投鼠疫菌案〉等案卷，詳
實記錄日本軍機在浙江衢縣、鄞縣、金華投射毒菌，散
布疫菌，釀造鼠疫過程。國民政府關注浙江疫情，命令
衛生署、軍醫署與戰時防疫聯合辦事處著手調查，擬定
傳染病防治策略，支援防疫物資人力，協助浙江進行細
菌戰防治工作。浙江省政府甫獲衛生署的支援，成立浙
江省衛生處防疫指導所與醫療防疫隊，迅速投入疫區醫
療救護與防疫作業。至於控制與圍堵鼠疫的流竄，戰時
防疫聯合辦事處擬定《防治敵機散播鼠疫菌實施方案
（衛生技術部分）》，羅列「調查疫情」、「製備預防
用鼠疫疫苗」、「製備治療用鼠疫血清」、「充實檢驗
設備與準備殺鼠、滅蚤、注射、消毒等器材」、「防疫
人員的合作」、「防疫宣傳」等事項，提供浙江防疫人
員參考，充填各單位防疫知識與技能，也就是按照該方
案循序漸進，即能掌控疫情，消滅鼠疫。棘手的是，浙
江多處鼠疫弭平之後，未料隔年疫情復發，鼠疫捲土重
來侵襲衢縣，更嚴重擴散到鄰近地區，迫使中央政府必
須規劃一套縝密的防疫與監控機制。因此，戰時防疫聯
合辦事處擬定〈衢縣鼠疫再度流行之防治辦法〉，規範
組織衢縣防疫人員，成立衢縣臨時防疫處，中央政府也
即刻支援醫療器材、疫苗，投入病患治療與防疫措施，
讓衢縣遠離災疫威脅。國民政府持續監控衢縣疫情，不

斷向國際友邦爭取醫藥援助,卻受困中日戰情危急,無法從香港將醫藥物資、疫苗直接運往浙江,必須轉往西南再設法輸入,延遲患者治療與鼠疫防治的時程,也見證防疫工作的高難度與複雜性。

國史館典藏《國民政府檔案》,保存〈敵機在湘各縣散布鼠疫桿菌及我防範情形〉、〈湖南省鼠疫防治〉,記述日軍在浙江製造細菌戰後,又在湖南常德發動另一波戰疫,引發新災情。有浙江的前車之鑑,國民政府立刻命令湖南省政府及所轄縣、市政府緊急隔離病患予以治療。在戰時防疫聯合辦事處指導下,湖南疫區進行環境消毒,落實民眾疫苗施打,強化衛生人員防疫技能,灌輸民眾正確防疫知識,遠離鼠疫的危害。又《行政院檔案》保存〈戰時防疫聯合辦事處擬防制敵機散布鼠桿菌實施辦法及請發防疫專款等案〉、〈戰時防疫聯合辦事處組織辦法、全國防疫聯合辦事處組織規程及經費概算〉案卷,如實記錄軍醫署、衛生署向中央政府呈報湖南鼠疫與疫情訊息;國民政府為阻絕鼠疫流竄,命令戰時防疫聯合辦事處蒐集、分析疫情,在最短時間之內擬定最有效的防治策略,充作湖南防疫指南,澈底遏止鼠疫迫害。

國家發展委員會檔案管理局典藏《國防部史政編譯局檔案》,留存珍貴軍事紀錄,見證國軍與日軍在戰場交鋒的瞬息萬變。其中,〈敵機散播鼠疫桿菌案〉記錄日本軍機在浙江衢縣、鄞縣、義烏、金華與湖南常德散播鼠疫桿菌,發動生化戰疫,消弭國軍戰鬥力,瓦解民眾對中央政府之信任度。隨著疫情發酵,民眾心理恐

懼，社會極度不安，各地軍隊爭取軍醫署、戰時防疫聯合辦事處支援，與衛生署、省、縣、市政府站在同一陣線抵禦傳染病，以化解細菌戰疫危機。至於〈戰時疫情報告案〉留存抗戰期間軍醫署、衛生署與戰時防疫聯合辦事處防疫紀錄，從中可考察浙江、湖南與其他省分鼠疫流行實況，並掌握軍醫署傳染病調查數據、衛生署疫情分析報告、戰時防疫聯合辦事處爭取國際醫療與技術援助，全面檢視中國抵禦鼠疫的成效。尚可留意的是，該案記錄戰時防疫聯合辦事處因應湖南鼠疫，陸續擬定〈處置敵機擲下物品須知〉、〈防治敵機散布鼠疫桿菌實施辦法〉、〈補充防治敵機散布鼠疫桿菌實施辦法〉，這些規範乃奠基於前述〈防治敵機散播鼠疫菌實施方案（衛生技術部分）〉、〈衢縣鼠疫再度流行之防治辦法〉之上，對有毒物質處理模式、疫情通報、各省鼠疫檢驗機構設置、疫苗與各項藥物精確用量等要項，都有進一步規範，作為中央與地方共同反細菌戰的指引。

中國抗戰軍興，中日短兵相接，衛生環境趨於惡劣。民眾受到戰火迫害，加速跨境移動，容易挾帶鼠疫流行他處，擴大威脅國軍與各處民眾生命安全。國民政府必須維繫軍隊戰鬥力，提升產業發展增援前線，防範鼠疫必然是當務之急。職是之故，掌握傳染病疫情、落實防疫工作，分配醫療資源、宣傳防疫知識、指揮防疫工作，也都成為中央政府反細菌戰的任務。國史館與國家發展委員會檔案管理局典藏國民政府與衛生署、軍醫署、戰時防疫聯合辦事處指導、協助地方力抗細菌戰的

珍貴紀錄，這些內容既詳實又豐富，涵蓋面向廣泛，除了浙江、湖南對抗日軍細菌戰的紀錄，尚有抗戰期間江西、福建等地鼠疫流竄與當地政府治理傳染病的資料，亦不乏中央政府對於江西、福建的防疫計畫，極具參考價值。茲特將這些檔案資料選編成冊，提供學界應用，也希望這些檔案史料的出版、流通，能夠喚起更多人對於細菌戰議題的討論，正視國民政府反細菌戰的舉措。

最後，誠摯感謝周致帆先生在檔案選編期間，協助調閱檔案、辨識不明字跡與文檔繕打，也對民國歷史文化學社大力支持檔案資料出版，致上最高的敬意。

編輯凡例

一、本套書共二冊，依照原件錄入，以浙江、湖南、江西、福建四省為主要範圍。

二、為便利閱讀，部分罕用字、簡字、通同字，在不影響文意下，改以現行字標示；部分統計數字與函電文號、發文日期，改以阿拉伯數字呈現。以上情形恕不一一標注。

三、部分表格為配合排版，略有更動樣式。

四、原文內有「左」、「右」之敘述，不予更動。

五、原稿無法判讀之文字，以■標示。

六、部分附圖、附表，原件即無。

七、內文日期均為民國紀年。

一　國防部檔案
敵機散布鼠疫防治案

原案單位：國防部史政編譯局
移轉單位：國防部
典藏單位：國家發展委員會檔案管理局

● **為據江南總監部先後報請防範鼠疫推行滅鼠運動及**
　敵機飛襲浙東各地播散鼠疫菌暨流行狀況防治情形
　等情轉請統籌有效防止辦法通令全國遵行由

文號：■辦衛字第 838 號
日期：29 年 12 月 27 日

國民政府軍事委員會桂林辦公廳代電

重慶軍事委員會委員長蔣鈞鑒：

案據江南兵站總監部總監陳勁節十二月十日報告：「查敵機最近飛襲金華，播散鼠疫病菌。寇性殘暴，難免不隨處散播病菌。桂林人煙稠密，鼠類潛茲一經發現，尤易蔓延。茲為防範未然起見，除飭由本部衛生處會同廣西省衛生處倡導軍民捕鼠運動，並在本部駐地鄰近村落訂定搜捕辦法藉力推行外，亟應擴大倡導，擬請鈞座通飭所屬推行滅鼠運動，以防疫疾藉杜傳染等情。」正擬辦中，旋復據該總監十二月十四日（二九）亥寒衛仁桂代電稱：「查敵機飛襲金華播散鼠疫菌一節，經以亥魚代電報請鑒核在案，茲准第二防疫大隊劉隊長亥真電查報寧波于酉陷發現鼠疫，經防治後至戌刪撲滅，共死民眾 4824 人，疫區建築戌陷全部焚燬；衢縣戌文發現鼠

疫至亥微共死民眾 4134 人，兩處于疫發前均有敵機擲下小麥穀類且混有跳蚤。戌儉敵機復于金華散布白烟，即有魚子狀顆粒落下，經檢驗發見鼠疫桿菌，可證來源確係敵機散佈，除已分呈轉令各地注意預防外特復等由，謹電察核各等情。」據此，查鼠疫係九大傳染病之一，傳染性甚為劇烈，現雖僅發現于浙江，然敵性殘暴，將來難免不隨處散播，似應及早預防，惟茲事體大，不僅有關各地駐軍，而于各省地方衛生行政尤具鉅大，密切之關係，殊非一地或某一部隊之財力、物力、人力單獨預防所能奏效，除已飭該統監轉飭各統監衛生處會同各駐在省衛生處，先行倡導軍民推行捕鼠運動，以防疫疾藉杜傳染並分呈行政院外，擬請鈞會飭交有關部會，迅即會商統籌整個有效防止辦法，通令全國遵行已資妥善，實為公便。

軍事委員會桂林辦公廳主任李濟琛叩感衛印

● **為據桂林辦公廳電陳敵機播散鼠疫菌請籌防止辦法通令遵行一案電請查照見復由**

文號：辦四渝二字第 15095 號

日期：30 年 1 月 6 日

行政院勛鑒：

據桂辦公廳主任李濟琛感衛代電，以據江南總監部先後報請防範鼠疫，推行滅鼠運動及敵機播散鼠疫菌流行狀況防治情形。特請統籌有效防止辦法，通令全國遵行等情（原電已據分呈）。據此，除電飭軍政部迅飭軍醫核議預防辦法具報；並先電知本會所屬各機關注意防範暨

電復外，特電請迅飭衛生署核議預防辦法，並希見復為
荷。

軍事委員會辦公廳二（魚）印

● 為據桂林辦公廳電陳敵機播散鼠疫菌請籌防止辦法通令遵行一案電希核議具復

文號：辦四渝二字第 15096 號

日期：30 年 1 月 6 日

軍政部何部長勛鑒：

據桂林辦公廳主任李濟琛感衛代電稱：「案據江南兵站
總監部總監陳勁節，十二月十日報告稱■實為公便等
情。」據此，陳電行政院迅飭衛生署核議預防辦法見
復；並先電知本會所屬各機關注意防範暨電復外，特電
希迅飭軍醫署核議預防辦法具報，勿延為盼。

軍事委員會辦四渝二（麻）印

● 為據桂林辦公廳電陳敵機播散鼠疫菌請籌防止辦法通令遵行一案電希飭屬注意防範由

文號：辦四渝二字第 15097 號

日期：30 年 1 月 6 日

本會直屬各機關（除軍政部）、本廳各單位（均照表分
請）、昆明行營龍主任、成都行轅張主任、貴陽滇黔綏
靖副主任公署吳副主任、曲江廣東綏靖公署余主任、第
七戰區余司令長官、桂林廣西綏靖公署李主任、成都川
康綏靖公署鄧主任、柳州第四戰區張司令長官、長沙第
九戰區薛司令長官、憲兵司令部賀司令、重慶衛戍總司

令部劉總司令勛鑒：

據桂林辦公廳主任李濟琛感衛代電稱：「案據江南兵站總監部總監陳勁節，十二月十日報告稱■實為公便等情。」據此，陳電行政院迅飭衛生署暨軍政部迅飭軍醫署核議預防辦法，並先電知本會所屬各機關注意防範及電復外，特電希飭屬注意防範為要。

軍事委員會辦四渝二（麻）印

● 為據桂林辦公廳電陳敵機播散鼠疫菌請籌防止辦法通令遵行一案電復知照由

文號：辦四渝二字第 15098 號

日期：30 年 1 月 6 日

桂林辦公廳李主任勛鑒：

感衛代電悉。已電行政院迅飭衛省屬暨電軍政部迅飭軍醫署核議預防辦法，並先電知本會所屬各機關注意防範外，特電復知照。

軍事委員會辦四渝二（麻）印

● 為據桂林辦公廳電陳敵機播散鼠疫菌請籌防止辦法通令遵行一案電希飭屬注意防範由

文號：辦四渝二字第 15060 號

日期：30 年 1 月 6 日

西安辦公廳熊主任、西昌行轅張主任、興集太原綏靖公署閻主任、第二戰區閻長官、南平福建綏靖公署陳主任、關中綏靖公署潘主任、洛陽第一戰區衛長官、上饒第三戰區顧長官、老河口第五戰區李長官、恩施第六戰

區陳長官、蘭州第八戰區朱長官、蘇魯戰區于總司令、沈副總司令、晉城附近龐副總司令：

密「據報敵機近襲金華，播散鼠疫病菌，寧波、衢縣均發現鼠疫。有擲下小麥穀類及跳蚤，有散布白煙，即有魚子狀顆粒發下，經檢驗發現鼠疫桿菌可證。查鼠疫傳染性甚烈，現經發現於浙江，敵性殘暴，將來難免不隨處散播，妨害駐軍及民眾生命，請迅籌防止辦法等情。」據此，陳電行政院迅飭衛生署暨電軍政部迅飭軍醫署核議預防辦法，並先電知本會所屬各機關注意防範及電復外，特電希飭屬注意防範為要。

軍事委員會辦四渝二（魚）印

● 為電復補送各方報告關於鼠疫經過情形希核辦由

文號：衛字第 0913 號

重慶軍令部徐部長勛鑒：

敬緘電計達此次鄞、衢兩縣發現鼠疫及受害情形。據本部衛生處之調查及各方報告所得確證為敵機散播，相應抄附原報告各一份，復請查照核辦為荷。顧祝同儉緘印

計附：

（一）浙省衛生處長陳萬里等戌陷金電原文一件。

（二）齊隊長樹功報告衢縣鼠疫之起因一份。

（三）本部衛生處二等軍醫正方植民報告敵機散播疫菌與甬衢鼠疫之經過摘要一份。

（四）軍政部第四防疫分隊1047號代電暨寧波鼠疫經過報告一份。

（五）軍政部第二防疫大隊長劉經邦呈報衢縣鼠疫經

過報告書一份。

（六）軍政部軍醫署駐閩浙辦事處 2758 號代電暨驗鼠
疫桿菌經過報告一份。

（七）本部印發宣傳小冊鼠疫一份。

● **為呈復核議預防敵機散放鼠疫菌一案擬俟調查真像**
據報後再行遵辦具報由

文號：醫衛（30）子渝字第 800156 號

日期：民國 30 年 1 月 23 日

重慶委員會委員長蔣鈞鑒：

奉辦四渝（二）麻代電。為據桂林辦公廳李主任電報敵
機飛襲金華，散播鼠疫菌，迅飭軍醫署核議預防辦法具
報等。因奉此遵經飭據軍醫署簽呈稱：「查本署前據第
二防疫大隊等電報：敵機在金華散放鼠疫桿菌一案除已
將處置經過情形先後呈報鈞部，簽准派員前往浙江金華
實地澈查外，並已會同衛生署擬具防制敵機散播鼠疫菌
實施方案，於上年十二月二十三日另電呈會鑒核在案。
現詳細調查結果尚未發現具報。本案飭由本署核議預防
辦法一節，擬俟調查真像據報後，再行遵辦具報」等
情。據此，理合電呈鑒核。

軍政部部長何應欽子梗醫衛渝

● 為據第三戰區補送各方報告關於鼠疫經過情形電希
　特飭軍醫署研究預防辦法具復由

文號：辦四渝二字第 15841 號

日期：30 年 1 月 31 日

令軍政部：

據第三戰區顧司令長官儉緘代電，補送各方報告關於鼠疫經過情形抄件一束到會。據此，查本案前據桂林辦公廳主任李濟琛感衛代電呈請預籌防止辦法等情，經以辦四渝二麻代電飭核議具復在卷。茲據抄送各情，除分電行政院特飭衛生署研究預防辦法具報見復並電復外合行抄發原送各附件，令仰特飭軍醫署研究預防辦法具報為要。此令。

附抄發原送各附件一束。

● 為據第三戰區補送各方報告關於鼠疫經過情形電請
　特飭衛生署研究具報見復由

文號：辦四渝二字第 15842 號

日期：30 年 1 月 31 日

行政院勛鑒：

據第三戰區顧司令長官儉緘代電補送各方報告關於鼠疫經過情形抄件一束到會。據此，查本案前據桂林辦公廳主任李濟琛感衛代電呈請預籌防止辦法等情。經以辦四渝二代電請特飭核議見復在卷。茲據抄送各情，除分電均正部特飭軍醫署研究預防辦法具復並電復外，特抄附件電請轉飭衛生署參考，並研究預防辦法據報見復，以便飭知為荷。

軍事委員會辦四渝二（世）印

附抄原附各件一束。

● 為准移送第三戰區補送各方報告關於鼠疫經過情形
  一復請再將該部儉緘電等件儉送過廳備查由

文號：辦四渝二字第 15839 號

日期：30 年 1 月 31 日

案准貴部移送第三戰區司令長官司令部儉緘代電暨附各
件到廳，除已分別辦理外，查該代電內稱：「儉緘電計
達等情」，惟該儉緘電內竊為何，有無附件，未准併送
相應函請查照，仍將該儉緘電檢送或抄送過廳，以資聯
繫為荷。此致軍令部。

● 為准移送軍令部移送貴部儉緘代電暨附件復請查照由

文號：辦四渝二字第 15840 號

日期：30 年 1 月 31 日

上饒第三戰區顧司令長官勛鑒：

茲准軍令部徐部長移送貴部儉緘代電暨附各件到廳。查
本案前據桂林辦公廳李主任感衛代電呈請預籌防止辦法
到會，業經本會以辦四渝二魚電請飭屬注意防範在卷。
准電各由，除已由會分電行政院轉飭衛生署、軍政部，
轉飭軍醫署研究預防辦法具復外，特電復請查照。

軍事委員會辦公廳辦四渝二（世）印

敵機散播鼠疫桿菌及鄞衢兩縣發生鼠疫經過之各項有關文件彙抄

（一）浙江省衛生處長陳萬里等戌陷金電原文一件

上饒司令長官顧勝密：

金華儉日敵機散佈顆粒狀物，經檢查確定為鼠疫桿菌，詳情及預防辦法另呈。

浙江省衛生處長陳萬里

軍政部第二防疫大隊長劉經邦

福建衛生處防疫專員柯主光

浙江省衛生處第二科長鄭介發

浙江衛省試驗所技正吳昌堂

同叩戌陷金印

（二）齊隊長樹功報告「衢縣鼠疫之起因」一份

衢縣鼠疫之起因

軍政部第四防疫分隊長齊樹功報告

二十九年十月四日，敵機二架襲衢，在城區低飛盤旋，當其飛過水亭、川門一帶時，掠屋頂而過，敵機上之飛行員每可看見柴家巷王學林家有金魚缸一隻，羅漢巷三號有水池一個，五號之有金魚缸一隻。待敵機去後，發現院中有小麥（普通小麥）、烏麥（較普通隻小麥大，而其色黑紫）、粟米（黃色之小穀子）。及至查看金魚缸，始發現有跳蚤，民眾頗奇之，柴家巷阜成紙莊范經理深恐敵機散佈毒物危害地方，乃用電話通知衢縣防護團熊總幹事俊川，熊總幹事偕同李幹事竺農於十月六日至柴家巷訪范經理查詢，伊三人同至王學林家中取得跳

蚤二包，每包十只，因跳蚤係從金魚缸沿蒐集，業已死
亡，一包送至縣政府，一包送至省政府，由省政府給省
衛生處化驗，衛生處又送至化驗所時已十月二十日。據
衛生試驗所化驗報告，鼠疫桿菌未發育，而雜菌已發
育。自敵機散佈小麥、烏麥、粟米、跳蚤後，防護團熊
總幹事每隔數日必派員往柴家巷一帶訪問，其初之無異
象，至十月底雞鴨等忽發瘟死亡甚多，居民皆以為雞鴨
等因食敵機散佈之麥米所至。至十一月二日，即在柴家
巷發現第一例病人，羅漢巷、水亭街之相繼發現，遂風
聲鶴唳在城區小流行矣，惟疫區迄未發現死鼠，故此次
發生鼠疫之起因乃敵機散蚤所致也。

（三）本部衛生處二等軍醫正方植民報告「敵機散播
　　　疫菌與鄞衢鼠疫之經過摘要」

敵機散播疫菌與鄞衢鼠疫之經過摘要

　　　　　　　　長官部衛生處處員方植民視察報告

一、寧波方面：據浙省衛生處報告，鄞縣區中山路
　　二四八號至二六八號止、東後街一一八號至一三零
　　號止、開明街六四號至九十號止，先後發生鼠疫。
　　於十月三十日經該縣中心衛生院檢查斷定，並由當
　　地政府劃定該地段為疫區範圍。據查敵機即在發現
　　鼠疫之前一周，於該疫區上空擲下小麥樣物質。

二、衢縣方面：由本處派員查城西天皇巷、柴家巷口
　　起，向東轉縣西街羅漢井至柴家巷止，先後發生鼠
　　疫，經於十一月十五日該縣衛生院依據臨診報告，
　　旋由省衛生院派員到衢檢查確定，即劃該地段為疫

區範圍，並經當地專員公署報告，敵機于十月四日於疫區中心上空散下穀類及小米等，其中且混有跳蚤，當由衢縣防護團搜集是項跳蚤，彙呈全省防空司令部轉送省府發交省衛生試驗所化驗，結果培養有雜菌發育。

三、金華方面：據浙江省衛生處調查，於十一月二十七日敵機在金華城區上空擲下白色物品。二十八日敵機又在該縣南門外上空散佈，有為魚子狀顆粒，送民眾醫院化驗，並經該省衛生處長陳萬里、軍政部第二防疫大隊長劉經邦、福建省衛生處防疫專員柯主光會同鑑定，確為鼠疫桿菌。

四、依據疫情推斷：查此次鄞衢兩縣先後發生鼠疫，並無一般鼠疫流行病學上預發象徵，如大量死鼠之發見等等，並該敵機散佈病菌之地點與該兩縣鼠疫發生地互相一致，更可證明此次該兩縣發生鼠疫日期，與敵機散佈日期之相距時間，適合鼠疫之潛伏時期。故此次浙省前後發現鼠疫為敵寇施行細菌戰之開始，絕無疑義也。

（四）軍政部第四防疫分隊1047號代電暨寧波鼠疫經
　　　過報告書一份

軍政部第四防疫分隊代電

疫衢字 1047 號

民國 29 年 12 月 7 日

上饒第三戰區長官衛生處長楊鈞鑒：

查寧波發現鼠疫，本隊奉令前往協防情形，業經電呈在

案。茲據前派寧波人員回隊報告疫勢已告平息等語，並附
報告書乙份到隊，除分報外，理合將原書抄呈鑒核備查。

　　　　　　軍政部第四防疫分隊長齊樹功印亥魚衢
附呈報告書乙份。

（五）軍政部第二防疫大隊長劉經邦呈報衢縣鼠疫經過
　　　暨報告書一份

報告

　　　　　　29 年 12 月 4 日於金華第一小隊部
奉派往鄞縣協助防治鼠疫，遵即偕同工作人員攜帶鼠疫
疫苗等，于十七日到達鄞縣府商洽協防辦法，茲將是情
述于次：

一、發生日期：查鄞縣鼠疫之發生尚屬首現，最初發生
　　之日期為本年十月三十日。

二、發生地點：為開明街六十號之漿汁店。

三、患者第一例：為賴朱氏年二十一歲。

四、發生原因：據調查附近居民所得及一般推測，於十
　　月三十日前三、四日，適敵機襲鄞。於開明街及東
　　後街之連毗處（適該六十六號及其附近一帶）投下
　　物質及麥類。現該地點之麥已長成五寸餘長，惟同
　　時有否投下細菌或鼠蚤則難知。但嗣後是處即突然
　　發生鼠疫患者。

五、蔓延情形：自十月三十日起開明街、東後街一帶逐
　　漸蔓延，經積極撲滅至十一月十五日始截止，發現
　　患者嗣後，疫勢之漸煞，已無蔓延。

六、疫區區域：（附圖）甲、中山東路自二二四號至

二六八號；乙、開明街自五九號至九八號；丙、東後街自一一八號至一四二號；丁、開明街自一號至二五號；戊、北太平巷一號。上列地點均互相毗連一處。

七、患死人數：自十月三十日起至十一月二十日止，先後染疫而死亡者達八十二人，全家死亡者七戶；半數以上者六戶，其由疫區逃出在外死亡者計八人。

八、鼠疫分類：鄞縣所發生之鼠疫多係腺鼠疫及敗血性二種，至於肺鼠疫尚未發現。

九、當地防治經過略情：自鼠疫發生後即由縣政府會同寧波警察局於十二月四日將開明街一帶疫區實行封鎖，並開始收治病人、掩埋屍體、隔離疫區居民、挨戶消毒。至六日正式成立鄞縣防疫處，其組織（附表）分設技術室及防治、警備、總務、工務等四組。各組除總務組外，工務組下分工程隊、掩埋隊；警備組下分搜索隊、警衛隊、埋葬監視隊；防治組下分消毒隊、預防注射隊、環境衛生隊、檢疫隊、擔架隊及甲、乙、丙三部。隔離病院下分設治療及消毒兩室，甲部隔離病院設于疫區內，係收實症狀顯者之病人；乙部之設於疫區居民及有潛伏危險性者；丙部設于疫區外之馬路對面，但被封鎖交通線內者為收容疫區外之疑似病人。自十一月四日至十五日止，甲部隔離病院收容鼠疫患者共計者六十三名，其中死亡於甲部者共六十名。其他分隊組則同時分別進行工作，並於每日上午九時半起由防疫處處長召開組長、隊長及防疫會議。九日起至疫區附近住戶及各學校注射預防疫苗。十日衛生

署第十七醫療防疫隊一行六人及省衛生處巡迴醫療防疫隊一行四人到甬協助，並設環境衛生股，由該隊主持其事。十二日成立疫區善後委員會隸屬防疫處，著手調查物資登記工作並設置疫區物品消毒處，另建消毒灶三座。十三日於疫區四週加築水溝圍牆。十七日設立防疫經費籌募會。二十日乙部隔離病院內收容之疫區居民注射後除無力謀生者、無家可歸者送交善後委員會設法設置外，已一律發給出院證明書准予出院。

十、防治鼠疫之當地機關團體車位及經費與人員：甲、縣政府；乙、衛生院；丙、警察局；丁、與疫區直接有關之縣東唐塔湖東三鎮公所；戊、城區十一鎮聯合辦事處；己、防疫團救護大隊；庚、動員委員會，以上各單位共同組織鄞縣防疫處，由縣長俞濟民兼處長。人員方面，除各機關團體調用外並臨時僱用，以及招收防疫隊員男七名、女三名，以短期之訓練充用，總計動員約二百餘人。其經費準備為五十萬元，除當地少數籌募與省府補助一萬元外，多數則電由上海旅滬寧波同鄉會籌募設法。

十一、協助機關團體單位，計有甲、衛生署第十七醫療防疫隊派員；乙、省衛生處巡迴醫療防疫隊派員；丙、軍政部第四防疫隊派員。

十二、疫區外：因疫區內患者私自逃出後或死亡之地點，房屋封閉及消毒或焚燒情形（如表）。

患者住後房屋封閉地點	西大路297號	東渡路中華襪廠	白鶴橋王隘村	太陽弄63號
患者死亡姓名	陸金友	陳康瑞	葛順官	周洪生
年齡	28	20	25	14
發病地點	東大路	東渡路中華襪廠	東大路寶昌祥廣貨店	太陽弄63號
死亡地點	西大路297號	開明巷張大獻診所	白鶴橋王隘村	甲部隔離病院
死亡日期	11月1日	11月3日	11月3日	11月4日
封閉房屋消毒日期第一次	11月5日	11月5日	11月5日	11月5日
封閉房屋消毒日期第二次	11月12日	11月15日	11月16日	11月16日
結果	再加以清潔大掃除後開封，使其家屬或親戚住入	再加以清潔大掃除後開封，使其家屬或親戚住入	再加以清潔大掃除後開封，使其家屬或親戚住入	再加以清潔大掃除後開封，使其家屬或親戚住入

患者住後房屋封閉地點	善衛鄉六村蔡家槽	東渡路91號	甲營巷44號	南郊路恒豐戊廠附近
患者死亡姓名	蔣雪校	陳炳然	林小狗	袁梅信
年齡	24	29	18	31
發病地點	開明路久和祥烟店	東渡路中華襪廠	東大路寶昌祥	東大路協新布店
死亡地點	甲部隔離病院	甲部隔離病院	甲部隔離病院	甲部隔離病院
死亡日期	11月4日	11月6日	11月6日	11月6日
封閉房屋消毒日期第一次	11月6日	11月6日	11月5日	11月5日
封閉房屋消毒日期第二次	11月16日	11月16日	11月12日	11月12日
結果	再加以清潔大掃除後開封，使其家屬或親戚住入	再加以清潔大掃除後開封，使其家屬或親戚住入	因房屋破爛不堪付之焚毀	再加以清潔大掃除後開封，使其家屬或親戚住入

患者住後房屋封閉地點	三板巷 35 號	義和渡	優月街 39 號	西門外源源里
患者死亡姓名	陳銀根	胡賢慶	柴定祥	蔣阿寶
年齡	18	7	20	47
發病地點	東大路寶昌祥	開明街 70 號	東大路 265 號	東大路寶昌祥
死亡地點	甲部隔離病院	義和渡	甲部隔離病院	甲部隔離病院
死亡日期	11 月 7 日	11 月 7 日	11 月 8 日	11 月 8 日
封閉房屋消毒日期第一次	11 月 5 日	11 月 8 日	11 月 6 日	11 月 5 日
封閉房屋消毒日期第二次	11 月 12 日	11 月 14 日	11 月 12 日	11 月 12 日
結果	再加以清潔大掃除後開封，使其家屬或親戚住入	再加以清潔大掃除後開封，使其家屬或親戚住入	再加以清潔大掃除後開封，使其家屬或親戚住入	再加以清潔大掃除後開封，使其家屬或親戚住入

患者住後房屋封閉地點	施家弄 4 號	西門外源源里 35 號	慈谿莊橋	大沙泥街 28 號
患者死亡姓名	朱再生	蔣徐氏	孔阿升	應全興
年齡	26	36	16	16
發病地點	東後街 142 號	東大路寶昌祥	東大路寶昌祥	開明路 82 號
死亡地點	甲部隔離病院	甲部隔離病院	甲部隔離病院	甲部隔離病院
死亡日期	11 月 12 日	11 月 12 日	11 月 14 日	11 月 15 日
封閉房屋消毒日期第一次	11 月 5 日	11 月 5 日	11 月 11 日	11 月 12 日
封閉房屋消毒日期第二次	11 月 12 日	11 月 12 日	11 月 12 日	11 月 14 日
結果	再加以清潔大掃除後開封，使其家屬或親戚住入	再加以清潔大掃除後開封，使其家屬或親戚住入	再加以清潔大掃除後開封，使其家屬或親戚住入	再加以清潔大掃除後開封，使其家屬或親戚住入

患者住後房屋封閉地點	西門外源源里35號	鎮後孔浦橋永法巷46號	奉化金北鄉孔■二保二甲
患者死亡姓名	蔣小毛	馮雲生	蔣阿華
年齡	17	18	17
發病地點	東大路寶昌祥	東大路元泰酒店	東大路振昌祥
死亡地點	甲部隔離病院	甲部隔離病院	奉化
死亡日期	11月16日	11月12日	11月14日
封閉房屋消毒日期第一次	11月12日	11月12日	11月12日
封閉房屋消毒日期第二次	11月14日	11月17日	11月21日
結果	再加以清潔大掃除後開封，使其家屬或親戚住入	再加以清潔大掃除後開封，使其家屬或親戚住入	再加以清潔大掃除後開封，使其家屬或親戚住入

十三、現今之城區處置與善後：現今由善後委員會加緊消毒工作，將疫區物資可保留者，經消毒後予以發還，並將無主物移藏一處保管待領，至疫區房屋由會議決定最遲在十一月三十日下午三時全部焚燬，以絕後患，為救濟疫區之種種損失，業經組織防疫經費籌募委員會設法籌措，眼前流離失所之疫區內居民由撫卹股著手安置，對于恢復市面一節，亦正在擬定辦法中。

十四、鄞縣防疫處之結束：鄞縣防疫處對此次防治鼠疫之設謀得力，於短期內不使十分蔓延，實為難能可貴。該處因日用經費浩大，而工作方面多數已告完畢，早現休止狀態，故由會議決定十二月五日結束，其未辦法辦理完畢之如環境、衛生、工作、建築新屋問題及隔離病院未出院病人等等事項，均縮小歸併衛生院，另組小單位接收辦理。

十五、協助經過：甲、每日上午列席鄞縣防疫委員會議
並必要時參加意見；乙、按照會議決定關於鄞
縣駐軍防疫注射方面由本隊負責辦理後，經向
各駐軍主管官分類接洽，計發給陸軍第一九四
師鼠疫七十瓶、寧波防守司令部九十瓶、陸軍
第九軍五十瓶、稅警第四區二瓶、浙江省第六
區保安司令部三十瓶、鄞縣團管區二瓶，共計
發出六十公撮裝鼠疫菌二百四十四瓶；丙、實
地勘察及各處調查工作；丁、供獻鄞縣防疫處
關於鼠疫之補助意見，已由該處會議決定交衛
生院及建設科作參考；戊、往慈谿調查，因鄞
縣疫區內有患者二人逃往慈谿結果死亡，因恐
波及該地，當即前往該縣府調查結果，除該兩
患者已死亡外，並未傳染及第三者發現，至該
縣之預防注射事則由鄞縣府供給菌苗注射於調
查完畢後仍返鄞工作。

十六、結束離鄞：因鄞縣疫勢平息工作亦告完畢於十二
月三日返隊。

謹此報告祈核。

職張學渠

報告

29 年 12 月 2 日　于上饒

為呈報浙江衢縣鼠疫調查經情仰祈鑒核由

竊職於十一月二十三日事因浙江衢縣民眾發生鼠疫，奉
鈞座電召來饒面商防治事宜，遵即當晚抵饒，次日前來
面謁請示一切進行辦法，職以事關重大，除急電飭駐衢

第四分隊協助防止外，於十一月二十七日協同鈞部衛生處方視察植民前往疫區視察實情，並參加擴大防治鼠疫會議防治辦法多項予以改進，業經分別切實辦理疫勢，不致擴大，茲已公畢。謹將所有經過詳情編具報告書一份。隨文送請鑒核。右報告謹呈司令長官顧。

　　　　　　　　　　軍政部第二防疫大隊長劉經邦印呈

附呈報告書一份

視察浙江衢縣鼠疫報告書

一、衢縣鼠疫之來源

　　茲據該衛生院調查報稱於十月下旬有突患急病死亡者一人，查該患者係由寧波近日來衢，惟因當時未獲報告，但又未經檢查，事隔多日，真相難明，故該死者是否患有鼠疫無從證實。嗣後於十一月十二日續有發現，經顯微鏡檢查之初步鑑定，確為鼠疫無疑。又據稱十月四日敵機襲衢時，曾散佈小包粉物於羅漢井一帶，經檢查後，包內發見跳蚤十餘，當即送浙江衛生處試驗所檢驗。因此跳蚤已死，未獲結果，故衢縣鼠疫之來源是否來自寧波，抑或敵機散佈病菌尚難臆斷。

疫況

十一月十二日，該縣城區西北之柴家巷三號發見第一病例後，疫勢日漸蔓延附近一帶，羅漢井、水亭街等地，居民續有發見。截止二十八日先後共計死亡十六人，經查■■五人係患他病而死，其餘十一人則均死於鼠疫。茲將發病地點及死亡情形列表於後，現經實施防止後，

自十五日迄今數日以來，尚無新患者。

患者姓名	年齡	性別	發病地點	起病日期	死亡日期
吳士英	8	女	柴家巷 3 號	11 月 12 日	11 月 15 日
廖氏	40	女	羅漢井 5 號	11 月 13 日	11 月 17 日
吳鳳娥	25	女	羅漢井 7 號	11 月 16 日	11 月 17 日
許秋■	16	男	水亭街 54 號	11 月 16 日	11 月 21 日
黃權	20	男	羅漢井 5 號	11 月 17 日	11 月 20 日
黃權之甥	20	男	羅漢井 5 號	11 月 17 日	11 月 20 日
江春梅	22	女	水亭街 55 號	11 月 18 日	11 月 19 日
陳隆森	15	男	柴家巷 5 號	11 月 20 日	11 月 22 日
馮氏	51	女	羅漢井 5 號	11 月 20 日	11 月 23 日
郭恒富	9	男	水亭街 54 號	11 月 20 日	11 月 23 日
江柏林	16	男	弄黎坊 13 號	11 月 25 日	11 月 25 日

防治情形

患者之處置：區內發生患者由保甲長報告，防疫委員會
立即派員前往予以隔離，並於身故後監督埋葬死者，家
庭之居屋皆由硫磺薰蒸消毒。

1. 患者家屬之處理：患者之家屬均分別予以隔離，惟疫
   區內一般民眾多先搬移，未能辦理澈底，現經嚴飭
   該區保甲長從速追回處理。

2. 疫區：茲劃柴家巷、水亭街、羅漢井為中心區疫予
   以嚴密封鎖之，外圍加設警戒線，派與當地軍警守
   崗，監視內外人民，絕對禁止任意出入，並在警戒
   線內及外圍附近民眾均施行預防注射。

3. 衢縣防治鼠疫委員會之成立：自該縣發見鼠疫後，即
   由魯專員召集衛生院、浙贛鐵路醫院、軍政部第四
   防疫分隊、航空站醫務所及當地行政機關成立防治
   鼠疫委員會，並有浙省衛生處陳處長率領工作人員
   來衢參加分組，負擔為應實施之工作。

4. 防止辦法之改進：查該縣自鼠疫發見後，雖有防疫委員會之設，然各組工作未能聯繫週密，殊多不合且以疫區內民眾多數逃居鄉間。職鑑於為此，處置未臻澈底，仍有蔓延之危險，至為堪虞，防止設施實有急需改進之必要，當於防治鼠疫會議席上提出下列數項：

（1）從速分設患者及家屬隔離室，俾便分別予以嚴密之隔離。

（2）縮小疫區封鎖線，惟須格外加緊封鎖，在中心疫區外改為警戒線。

（3）從速健全防治委員會之組織並分配工作聯合辦公，以免紊亂。

（4）嚴飭當地保甲長負責報告患者及死亡，以便隨時處置。

（5）患者房應拆成火弄並嚴密封閉。

（6）消毒室設置宜即加以改善。

（7）已逃區內民眾從速招回予以隔離檢疫。

（8）舉行擴大衛生宣傳運動俾使民眾更為注意。

（9）疫區外圍施行普遍預防注射。

上述各項經防會議決，分別由各組工作人員及當地行政人員、保甲長等限于三日內實施完成，並嚴飭當地行業中西醫生隨時報告病例，違者則予以相當懲處，刻已按條切實施行，疫勢可不致擴大。嗣後一切情形，當飭第四分隊隨時據報，再行轉呈。復查此次鄞縣衢縣先後發生鼠疫發病均極迅速，並無一般鼠疫流行病學上先行預發之象徵，大量死鼠之發見等等，且據調查所得，鄞縣

於發之前一週，敵機曾在疫區擲下小麥，衢縣於十月四
日在現在疫區中心亦擲下穀類及小麥，其中且混有跳
蚤。是項跳蚤曾由縣防護團搜索呈全省防空司令部轉送
省府發交衛生處化驗，但期間轉輾投遞到處，已在十月
三十日後經培養僅已雜菌發育，未能證明該病細菌。敵
此種行動適於兩縣鼠疫發見地點相一致，依照科學的並
客觀的推論，該兩縣鼠疫之所以發生，似與敵機散佈是
項物質，有極重大之關連且證明最近敵基在金華擲下鼠
疫桿菌之舉動，又可得一敵機施行細菌戰之證明。

敵人用心既已，為此毒辣吾人，為求安全並安定後方，
抗戰勝利起見，非加緊防制對策不可。而此次防疫工作
之有效推動，加強行政方面之力量較重於技術上之防
治，是實為事勢上，以必然為此，除組織調查團分散各
處詳細調查外，謹會同浙江省衛生處處長陳萬里呈准浙
江省黃主席分別施行。茲將辦法附列於後：

一、電呈中央通電世界各友邦主持正義，暴露敵寇此種
　　慘絕人寰之戰爭，並通令全國研究對策注意防範。

二、分電衛生署、軍醫署、衛生醫療機關轉飭所屬一體
　　嚴密防範。

三、電請衛生署轉飭各生物學研究並製品機關大量製造
　　鼠疫疫苗，以便分發應用。

四、應行辦理之事項各次

　　1. 灌輸全省防空人員、各級行政人員、軍警等防
　　　 疫知識及搜索毀敵機擲下之可疑物品，切實遵
　　　 行，由省衛生處編輯教材分發應用。

　　2. 加緊衛生宣導，各級學校尤應以防疫常識為中心

課題，以便發動學生進行民眾宣傳，並發布各
種小冊圖畫以及其他宣導印刷品。

3. 嚴密戶籍行政，切實辦理死亡登記，屬行傳染病
報告並得依照傳染病預防條例，另訂緊急處置
辦法加強執行。

4. 通令各縣速即準備隔離病室，以便隨時可以收容
病人。

5. 通令各縣訓練警察消毒知識時出發消毒教材，由
省衛生處訂定並派員指導。

6. 通令各縣趕即準備石灰硫磺以便使用。

7. 省衛生處組織防疫隊數隊經常出發輪流工作，並
指導訓練各縣人員。

8. 加強各縣衛生機構。

9. 擴大衛生運動，切實改進各處環境衛生。

軍政部第二防疫大隊長劉經邦印

中華民國二十九年十二月二日

（六）軍政部軍醫署駐閩浙辦事處代電暨檢驗鼠疫桿
菌經過報告一份

軍政部軍醫署駐閩浙辦事處代電

衛（29）亥婺字第 2758 號

29 年 12 月 7 日

自金華發

上饒第三戰區司令長官顧鈞鑒：

查上月養儉等日，敵機襲金，施放白煙，播散顆粒狀
物，經本城民眾醫院檢查主任沙士昇報告含有毒菌等

情；當派一等軍醫正舒琦馳赴該院查驗並飭會同沙主任
士昇、魯醫師介易佈置特別設備，將檢體培養，負責研
究去復。茲據報告以研究所得頗似鼠疫桿菌，前未除飭
仍應繼續研究外，理合檢同原報告一份，隨電送請
鑒核。

軍醫署駐閩浙辦事處處長錢雲蒸

副處長徐承偉

亥江申衛

附原報告一份

報告

29 年 12 月

於民眾醫院

查最近敵機施放毒菌，琦等奉令研究，茲將詳細檢查情
形報告如下：

甲、肉眼可見：檢得之材料係微黃色，蝦子樣之顆粒
其大，約三分之二耗有黏性，取一粒放置於預滴
一、二滴生理食鹽水或蒸餾水之載物玻片上則浮於
水面，經六、七秒鐘即顯著膨脹，較原形大三、四
倍，呈白色，二、三分鐘後逐漸分解為細微之薄膜
片（在攝氏十五度室溫操作）。

乙、顯微鏡觀察：

一、弱擴大檢查：取一小顆粒以五、六十倍擴大檢
查，則顆粒大如一分之銅幣，呈濃淡不勻之黃
色。不正圓形內有強折光體之由滴狀物。

二、塗抹檢查：取上述膨脹之膜片作塗抹標本，以
百念倍擴大檢查有細小之折光體，放大百倍時

使可見桿狀之菌體。

三、懸滴檢查：製懸滴標本以六百倍鏡檢查可見顯著之分子運動（Brownian movement）。

四、染色檢查以 Toddlers 美藍染色體染色乙千三百五十倍油浸檢查為兩滴鈍圓形，青藍色之桿菌散處或二、三個連續大小不一，兩端濃染，中間淡染如呈空泡形（日昨報載有「芽胞」實係此空泡之誤）。

五、龍膽紫（gentian violet）染色檢查亦為兩端濃染，中間淡染，呈淡紫色之桿菌間有均勻著色者。

六、革蘭氏（gram's）染色呈陰性，間有數個呈陽性之桿菌，視野頗美麗。

七、培養 Organ 科面培養，於上月二十九日下午七點攝氏三十一度孵卵器內至三十日下午七時取出檢視，二試驗管中僅一管發育內二個集落呈灰白色，大小約二、三粍。又以此集落菌作塗抹標本，以 gram's 染色而為純陽性之桿菌，與未培養之細菌染色鑑別完全不同，可知 gram's 染色呈陰性之細菌並未發育。

參考文獻：

1. *Practical Bacteriology* E. R. Stitt

2. *Approved Laboratory Testing* G. A. Korman

3. *Chemical Diagram by Laboratory Method* G. C. Jah

4. 近世微生物及免疫學（商務出版）

參考上述文獻所記載（甲）、（乙）兩項之檢查所得，
頗似鼠疫桿菌，惟經培試驗僅有 gram's 染色陽性之桿
菌發育，現仍繼續培養及動物試驗，將來結果容當續
報。又以上各種檢查成績，上月三十日浙江省政府衛生
處長陳萬里帶同隨員數人來院參觀，上云對鼠疫桿菌確
似並攜去可檢材料一份。謹此報告伏祈鑒核。謹呈處長
錢、副處長徐。

金華民眾醫院檢查主任沙士昇印
金華本城醫師魯介易印
軍醫人員訓練班微生學教官舒琦印

● **為據航委會報浙江發現敵機投散煙霧疑似毒菌呈送
檢體令仰協助研究並商同派員前往詳細調查由／據
呈浙江金衢等地發現敵機投散白色煙霧疑係毒菌呈
送檢體指令業飭兵工署衛生署協助研究調查由**

文號：渝辦一會字第 14248 號

日期：2 月 4 日

令航空委員會主任周至柔

三十年一月二十日防消辛蓉字第 157 號呈一件。為據浙
江省防部報告敵機投散白色煙霧疑係毒菌，呈送檢體經
檢驗辦理情形報請鑒核示遵由呈暨附件均悉，業分會兵
工署、衛生署會同協助研究並飭與該部會商派員前往該
地詳細調查矣。仰即遵照為要。此令

委員長蔣

文號：渝辦一會字第 14248 號

日期：2 月 4 日

令兵工署、衛生署

案據航空委員會三十年一月二十日防消辛蓉字第 157 號
呈據浙江全省防空司令宣鐵吾云云敘至，謹將本案辦理
經過呈請鑒核等語，附呈華西大學試驗報告原文一件。
據此，除分行外，合行令仰該署會同衛生署中央防疫
處、兵工署化學研究所協助研究，並商同航委會派員前
往該地詳細調查，收集可靠之研究資料，並將防疫防
毒應行注意事項廣為宣傳，使民眾知所戒備以利空防
為要。此令
附抄發華西大學試驗報告原文一件

委員長蔣

● 為呈報辦理浙省防部送呈化驗毒物經過請鑒核由

文號：防消辛蓉字第 0157 號
日期：30 年 1 月 20 日
案據浙江全省防空司令宣鐵吾二十九年十一月感儉兩日
先後來電，以敵機兩架在該省金衢二縣散佈白色煙霧，
事後發現鼠疫，故風聲鶴唳，疑敵機所散白霧即係鼠疫
黴菌，請鑒核示遵等情；當經電飭將敵機散發煙霧時，
天氣風向各點及事後發生疫病，經醫檢查之紀錄詳報並
設法搜集毒物檢體寄呈，以憑研究在案。旋據該司令同
年十一月三十日呈稱：「查邇來敵機在金華上空時，有
施放白色煙霧情事。本月二十八日上午十時許，敵機三
架竄抵金華，一架在城郊外投小型炸彈二枚，其餘二架
又放白煙，二分鐘後向北逸去。其白煙降下如細雨。事
後在大橋溪灘一帶發現類似魚子之顆粒，其粘染著性極

強，放入水中即行溶化。據當地醫師檢驗，疑係桿狀毒菌，除令該縣防護團嚴加防範外，理合檢同該項毒物備文呈送鈞會予以化驗，並懇將化驗結果、防禦方法詳細飭知」等情，並附小瓶一內藏魚子形之檢體數粒。據此，當以本會試驗設備不全，未能施以化驗，特送請華西大學醫學院分細菌與化學兩部，代為試驗。關於化學部分，因檢體過少不能著手，僅作黴菌之試驗。經施以黴菌培養法，詳細審慎檢驗結果，除枯草桿菌外，竟毫無病原菌之孳育現象（附抄呈該據原報告），是否因檢體採取及寄遞之手續不合細菌培養要求，以致原來病原菌失其生活條件，致培養無所檢獲，不敢臆斷。嗣經集合該校暨齊魯大學黴菌學教授共同研討，僉以方令科學昌明在試驗室內新的發現，未始全無此。感係敵人一化學上新的發現，因浙省濱海距敵國較近，乃以吾國人民供其試驗，亦屬可能。致其效果如何，則有待於今後之證明。本會職掌全國防空事宜，自應預加防範，以免今後發生可能之惡果，除令飭浙江全省防空司令部，隨時注意，設法儘量搜集該項檢體寄呈。以憑賡續研究，並分別電知各全省防空司令部，各戰區嚴加注意外，謹將本案辦理經過呈請鑒核，並請令飭中央防疫觸及兵工署化學研究所協助研究，派員前往該地詳細調查，俾能收集可靠之研究資料，並將防疫防毒應行注意事項廣為宣傳，使民眾所戒備，以利空防而收實效，是否有當，敬請鑒核示遵。謹呈總長何轉呈委員長蔣
附抄華西大學試驗報告原文一件

　　　　　　　　　　　　航空委員會主任周至柔

● 敵機飛浙散播鼠疫菌案前據衛生署報稱已擬具防制方案呈請貴會鑒核函復查照由

文號：勇陸第 2432 號

日期：30 年 2 月 8 日

貴會一月三十日辦四渝（二）字第 15842 號代電誦悉，關於敵機飛浙散播鼠疫菌一案，前准貴會貴林辦公廳分電到院，經交衛生署會商軍政部、軍醫署迅行統籌設法預防去後，旋據復稱此案前奉貴會代電已會商擬具防制敵機散播鼠疫菌實施方案（技術部分），呈候貴會鑒核等情在案。茲准代電除將原附報告拾交衛生署參考外，相應函復查照。此致軍事委員會。

院長蔣中正

防制敵機散播鼠疫菌實施方案（衛生技術部份）

一、調查

根據浙境情報，暴敵似有採用違背人道的細菌兵器之可能，應即由衛生署、軍醫署、中國紅十字會總會、救護總隊部等機關派員會同國聯醫官前往詳查，俟確切證實後即行發表對外宣傳，但同時應積極準備各種防治辦法。

二、製備預防用鼠疫疫苗

（一）衛生署應飭中央及西北兩疫處立即開始製造鼠疫疫苗以供各方面之採用。

（二）衛生、軍醫兩署於可能範圍內備相當數量之疫苗分存各地。

（三）由紅十字會總會向國外大量募集，以補救國內製

備力量之不足。

三、製備治療用鼠疫血清

查中央、西北兩防疫處現未製造是項血清，其製造費時，成本亦昂，應著手逐漸出品，由衛生、軍醫兩署分發儲備。紅會方面更應向國外募集，俾早得實用與多量儲備。

四、充實檢驗設備

（一）關于各地方細菌檢驗設備之充實，由衛生署辦理。

（二）關於軍政部各防疫隊細菌檢驗設備之充實，由軍醫署辦理。

五、準備殺鼠滅蚤注射消毒等器材

由衛生署軍醫署及紅十字會總會救護總隊部等機關從速購存下列各種器材。

（一）祇舉辦毒餌殺鼠方法僅適用於未有鼠疫流行之地方，其已經流行之地應用氰酸氣以便同時滅蚤，故碳酸鋇及氰酸氣均應大量購備。

（二）防治鼠疫工作人員應用之防蚤服裝，如特種面罩、手套、長靴等。

（三）其他器材，如消毒用藥注射器等。

六、人員準備

除各省地方主管衛生機關應有專員負責處理應付細菌兵器之各種技術外，衛生署之醫療防疫隊、軍政部之防疫隊及紅會總會救護總隊均應有是項專門人員以便隨時派遣。

七、印發刊物

（一）由衛生署衛生實驗處衛生教育系即編關于鼠疫之
　　　通俗刊物，分交衛生署軍政署即發。

（二）戰時防疫聯合辦事處已請國聯醫官伯力博士編成
　　　「鼠疫防治實施辦法」，應即譯成中文，分文
　　　衛生署、軍醫署及紅會總會救護隊印發，以供
　　　防疫人員之用。

八、研究工作

（一）由衛生、軍醫兩署指定人員研究細菌兵器之防制
　　　方法，並應通力合作以赴事功。

（二）關於防制鼠疫之環境，衛生部分亦應指派人員從
　　　速擬定方案。

（三）由衛生署衛生實驗處化學藥物系注意調查毒殺鼠
　　　滅蚤藥品之原料並研究其製造。

九、制訂章則

（一）防制暴敵散播病原菌辦法。

（二）敵機所散播者經證明為鼠疫菌或蚤類時之緊急處
　　　置辦法。

（三）厲行疫情報告，依照戰時防疫聯合辦事處規定之
　　　各初站於發現鼠疫病人第一例時，應即電告。

十、籌撥經費

（一）衛生署、軍醫署各就防制敵人應用細菌兵器各種
　　　所需經費請撥專款。

（二）各省地方應儘可能酌撥防制細菌兵器各種設施之
　　　經費。

● 為檢送第三戰區電復補送各方報告關於鼠疫經過情
　形儉緘代電一件及移文案一紙連同本廳公函一件復
　請查核送還由

文號：辦四渝二字第 16128 號

日期：30 年 2 月 11 日

准貴處彙送本廳辦四渝二字第15839號公函一件，囑將
前移■件儉送查核等由，准此，茲檢還第三戰區顧司令
長官電復貴部補送各方報告關於鼠疫經過情形儉緘代電
一件及移文簽案一件，連同元送本廳公函一併送請查收
核辦。並希核辦畢後，從速檢還本處歸卷為荷。此致軍
令部第一廳第三處。

附第三戰區儉緘代電一件及移文簽案一紙原送本廳公函
一件

● 呈復關于辦理防治浙省敵機擲下物品經過仰祈鑒核由

文號：卅防 1969 號

日期：30 年 2 月 13 日

案奉鈞會本年二月四日渝辦一會字第 14249 號令開。為
據航空委員會報稱浙江發現敵機投散烟霧，疑似毒菌。
令仰協助研究並商同派員前往詳細調查等因。附發華西
大學試驗報告原文一件。奉此，查關于敵機在浙散佈顆
粒狀物一節，本署已會同軍醫署派遣各專門人員馳赴
浙、贛、閩各地調查，並搜集重要資料。業于二十九年
以防字第 10560 號代電呈報在案。將來如有可供研究及
化驗者，當遵與兵工署化學研究所偕同研究。關於防疫
宣傳方面，本署鑑于敵機投擲物品疑似鼠疫桿菌，除準

備各項防治鼠疫藥品外，並編印防治鼠疫實施辦法小冊，分別送發。又查浙江省衛生處亦已編印有關鼠疫之宣傳品，廣為宣傳。奉令前因，理合將辦理情形備文呈覆，仰祈察核，實為公便。謹呈軍事委員會。

衛生署長金寶善

簽呈

查敵機在浙散佈煙霧案發生後，侍從室第二處首先據報並令飭衛生署調查擬辦有案。嗣據該署以防字第 10560 號代電呈復（是項代電現存侍二處），後桂林行營以同案呈報本會（本年一月二日），經本廳秘書處承辦會令飭軍政部並函行政院衛生署派員調查擬具對策。至一月廿五日，航委會復以同案呈報本會，經本處承辦會令飭衛生署會同兵工署查辦在案。後准行政院函復本會（去除秘書處承辦）稱：「已由衛生署將辦理情形成復等語」，經秘書處查明上項（呈文現存侍二處）當經函請該處檢送或抄送備查矣（現尚未准發）。茲據衛生署此件呈復稱：「業于廿九年以防字第 10560 號代電呈報在案」等，經查是項代電係前呈復侍二處所承辦會令之件。此案在本廳既已由秘書處承辦於先，且秘書處已函侍二處檢送前案備查，擬將本處承辦全卷移送秘書處（第二件）辦■見紛歧如何。

二處乞核示

● **為請檢送或抄送衛生署及軍醫署會檢防制敵機散播
　鼠疫實施方案以備查核由**

文號：辦四渝 16320 號

日期：30 年 2 月 17 日

案查本會前據桂林辦公廳電陳敵機飛浙散播鼠疫菌一
案，通令注意防範，並電行政院轉飭衛生署、軍醫署會
檢預防辦法及旋據軍政部呈復並准行政院函復，已據衛
生署及軍醫署會檢防制敵機散播鼠疫菌實施方案送呈到
會，各等以查核方案呈會，及已於上年十二月廿五日以
孝字第 21577 號分送貴處核辦。茲因■備查核，以便貫
聯起見，相應函請查照，將核辦情形見復，並將該方案
檢送或抄送一份存廳備查為荷。此致侍從室第二處。

● **國民政府軍事委員會後方勤務部快郵代電**

文號：衛字第 56777 號

日期：30 年 2 月 23 日

軍事委員會委員長蔣鈞鑒：

案奉鈞會辦四渝第 5097 號辦四渝（二）麻代電，以據
報去年十一月間敵機飛襲金華播散鼠疫病菌，除已飭交
有關部會迅即會商統籌整個有效防止辦法外，希飭屬注
意防範等因。查浙江鄞、衢兩縣發生鼠疫及敵機飛襲金
華一帶播散顆粒狀物，經鏡檢為鼠疫桿菌一案。前據第
二防疫大隊隊長劉經邦暨第五防疫分隊隊長齊樹功等先
後電報到部，當經本部衛生處商由戰時防疫聯合辦事處
邀集衛生署、軍醫署等有關機關開會研討，簽以敵機直
接散佈鼠疫桿菌較少可能。本案應俟其培養檢查及動物

接種得有結果，再行會商一面電飭各該隊會同各有關地方衛生機關加緊防治，仍將檢查結果電復以憑核辦。去後，旋據復稱鄞縣至戌刪止，死居民 82 人；衢縣至亥微止，死居民 23 人。爾後均無新發患者。敵機所投顆粒，因遞送時間過久，培養結果除雜菌發育外，不能檢得鼠疫桿菌及其他原菌，因亦未施動物結種，惟此項鼠疫發生均極迅速並無一般鼠疫流行病學上先行預發之象徵及大量死鼠之發現，且鄞、衢兩縣鼠疫發生之前，均經敵機投擲小麥穀類及跳蚤等物，疫區亦與上項投擲物散佈區域一致。此項培養檢查雖因傳遞時間過久，未有結果，然證以上情似不難判定係敵機散佈病菌等情；前來復經本部衛生處商由戰時防疫聯合辦事處推派該辦事處主任委員容啟榮馳往浙江實地調查，以昭詳慎在案。奉令前因，除俟據容主任委員調查確實，會商整個有效防範辦法再行呈核外，理合先將防治浙江鼠疫暨調查敵機散播病菌經過情形呈復鑒核。

職俞飛鵬丑梗子防印

● **軍事委員會一廳箋函**

文號：辦四渝 16673 號

日期：30 年 2 月 28 日

茲檢送本廳檢核所翻印之「鼠疫」小冊（查■表填發）份即希查收參考為荷。此致本會直屬各機關、本廳各單位、各戰區司令長官部駐渝辦事處、冀察及魯蘇戰區總司令部駐渝辦事處、各行營行轅及本會桂林、西安辦事處、各綏靖主任公署等。

● **為函復關于顧長官去年之敬緘電本部均屬無案可稽由**

文號：一利勘字 869 號

日期：30 年 2 月

案准貴廳一月卅一日辦四渝（二）字第一五八號函開「案准貴部移送第三戰區司令長官司令部僉緘代電暨附各件到廳，除已分別辦理外，查該代電內稱敬緘電計達等語，惟該敬緘電內容如何，有無附件未准併送相應函請查照，仍將該敬緘電檢送或抄送過廳以資連繫為荷等由。查顧長官敬緘電，本部無案可稽」，經詢機要室復稱顧長官上年並無敬緘來電，但十二月七日曾收到「虞緘」電（A4729 本室號次）一件。為呈報此次鄞、衢兩縣先後發生鼠疫原因，經調查係前一週由敵機散佈病菌所致等由。核與敬緘代電所報事實相符，當經本室譯送侍二處承辦在案。是否即係此電之誤，即請台洽等語。查虞緘電是否敬緘電之誤，似應向侍二處查詢相應函復」即希查照為荷。此致本會辦公廳。

部長徐永昌

急渝軍委會委員長蔣密：

查此次鄞、衢兩縣先後發生鼠疫，發病迅速並無鼠疫流行病學上預發象徵，如大量死鼠之發現等。當經調查均在發病前一週由敵機于疫區上空擲下穀類、小麥，其中混有跳蚤。上月僉日又在金華擲下顆粒狀粘性物，經搜集大舉檢查證實確係鼠疫桿菌。顯然敵方施行慘極人寰之細菌戰，無疑除飭所屬加緊防治外，懇請通電世界各邦主持正義，揭發敵寇滅絕人性之暴行，並通令全國注意防範為禱。

職顧祝同叩虞緘印

● **為關於敵機播散鼠疫菌案再請將顧長官來電查示連**
　　同抄件及核辦情形見復由

文號：辦四渝二字第 16801 號

日期：30 年 3 月 3 日

查關於敵機播散鼠疫菌一案，前准軍令部移送第三戰區
顧司令長官儉緘代電暨附件到廳。業經分別承辦會令軍
政部轉飭軍醫署暨電行政院轉飭衛生署會檢預防辦法，
並以該儉緘電內曾有敬緘電計達一請未准將該電併移過
廳，經函請檢送或抄送各在卷；除衛生署等所檢防制敵
機散播鼠疫菌實施方案，前以辦四渝字第16320 號函請
查抄尚未准復外，茲准軍令部一利勛字第869 號函復，
略稱：「查顧長官敬緘電，本部無案可稽云云，即希查
照為荷等由」准以相應查照，併將本案核辦情形連同前
請抄件一併查示見復為荷。此致侍從室第二處。

● **關於敵機空襲金華投放菌疫彈一案檢送軍醫衛生兩**
　　署會擬之防治方案函請查照抄錄備查由

文號：第 16004 號

日期：30 年 3 月 9 日

逕復者，案准貴廳辦四渝字第 16320、16801 兩號公函
敬悉一事。查顧司令長官及浙江黃主席等報告敵機空襲
金華投放疫菌彈案內，衛生、軍醫兩署會擬之「防制敵
機散播鼠疫菌實施方案」前准移送過處，經核此案已由
該兩署合派負責人員及國聯專家葉墨博士前往浙江實地

調查研究。經呈奉核准，待調查確實，研究得有結果後再行酌定能否宣傳及將來應如何切實防範之辦法等。■■原分案存來處理。嗣准貴廳先後移來孝字 1600 號及 1616 號衛生署與浙省府來文暨義字 1430 號衛生署續呈復，經彙核查所稱鄞縣鼠疫與敵機投物無關，甚為詳實可信，惟鄞、衢兩地及浦江、平陽東無鼠疫，則其疫必有來頭，是否由慶元、龍泉傳播而來，有無線索可尋，經呈奉批示應再飭查復等由。奉此，經於本月二日承辦寅東侍秘川代電復令衛生署查報，現為日無多尚未復到，茲准前由相應，將辦理經過情形敘明函復併檢同顧司令長官廿九年十二月虞緘電復及軍醫、衛生兩署會擬之「防制敵機散播鼠疫菌實施方案」原件，一併附函送請查照抄錄儲查，所有原件並祈抄後送還歸卷為荷。此致本會辦公廳。

附送電一件、方案一份

國民政府軍事委員會委員長侍從室第二處啟

● **為准抄送防制敵機散播鼠疫菌實施方案及顧長官虞緘復請查收歸卷由**

文號：辦四渝二字 17117 號

日期：30 年 3 月 16 日

案准貴處侍秘渝字第6341 號函送防治敵機播散鼠疫菌實施方案及顧長官渝緘電各一件，囑抄錄及送還歸卷等由。准此，除已飭抄備查外，相應將原返各件，送請查收歸卷為荷。此致侍從室第二處。

附送還原方案一件、電一件

● 衛生署快郵代電

文號：卅防字第 5015 號

日期：30 年 4 月 11 日

軍事委員會委員長蔣鈞鑒：

查本署前據浙江省衛生處處長陳萬里三月十八日電稱：「據報衢縣發現疑似鼠疫，已派員前往防治檢驗」。嗣並據福建省衛生處處長陸滌寰三月二十三日電稱：「浙衢發生疑似鼠疫，奉第三戰區顧司令長官電令職于梗日（廿三日）率同技術人員前往驗治詳俟另報」。後復特據軍政部第四防疫分隊長齊樹功三月廿六日衢縣來電稱：「衢縣疑似鼠疫，經鏡驗動物試驗等手續證實，自三月五日迄今（二十六日）已死三十九人。疫情日益嚴重擴大，今日（廿六日）死七人」。四月一日據福建省衛生處長陸滌寰三月廿三日于衢縣來電稱：「衢疫由檢驗標本動物試驗及剖解死鼠，已發現鼠疫菌，似可確定為腺鼠疫。同行技術人員分檢驗、調查、滅鼠工程等組工作。一面訓練當地衛生人員能單獨工作，現疫勢稍減」。本月二日據浙江省衛生處處長陳萬里四月一日于衢縣來電稱：「衢縣鼠疫檢查報告暨萬里前往視察情形，均另文航寄」。現又據福建省衛生處處長陸滌寰本月五日來電：「衢縣鼠疫自三月五日至四月四日由屍體確定二十四人，類似三十九人。鼠疫檢驗一一五頭內中發現鼠疫菌五頭，蚤捕三二五頭，正分類中。氰化鈣及硫磺消毒一〇二所」各等情；本署鑑于此次衢線再度發生鼠疫疫情嚴重，經即決定措施辦法：

（一）關于人員方面已調派本署專員前國聯防疫專家伯

力士博士（Dr. Pollitzer）、本署醫療防疫隊第二路大隊長周振、醫療防疫隊第十七隊全隊人員及福建省衛生處第三科科長科主光等分別趕往衢縣協助工作，同時併電囑福建省衛生處陸滌寰暫留衢縣協助主持工作。

（二）醫藥器材之協助，本署前承美國醫藥助華會捐贈二十三萬五千人用量之鼠疫疫苗及殺鼠劑之氰酸氣兩噸現均運抵香港，已電託香港美國紅十字會代為航運至粵，待運往浙。此外並由美國醫藥助華會捐贈之鼠疫治療用化學藥品 Sulfathiazole 一批現正運途中，俟將來運到，即設法運浙應用。

（三）防疫技術之指導，本署專員伯力士博士已編有「鼠疫防治實施辦法」，業已印就即可分發應用。

（四）宣傳工作，本署中央衛生實驗院衛生推廣組編竣「可怕的鼠疫」一種，即可付印分發。

復查此次衢縣發生鼠疫，本署為求周密防堵、迅速撲滅起見，特飭由戰時防疫聯合辦事處趕速會同軍醫署後方勤務部及中國紅十字會總會救護總隊遣派代表協商妥善辦法，迅速防止。茲據該處呈稱：「關于浙江衢縣再度發生鼠疫一案經于本月三日舉行緊急會議，已推具『浙江衢縣鼠疫再度流行防制辦法』呈請鑒核施行」等情；查該處所擬防制辦法內有關于本署應辦事項，均已一一辦理在案。所有衢縣疫情俟續據情報再行奉陳外，謹先隨電檢奉「浙江鼠疫再度流行防制辦法」一份，及「鼠疫防治實施辦法」一份呈請鑒核為禱。

衛生署署長金寶善叩防卯真印

浙江衢縣鼠疫再度流行防制辦法

一、人員

查衢縣防制鼠疫人員除已有浙江全省衛生處處長陳
萬里就地主持，及顧司令長官電調赴該地協助之福
建全省衛生處處長陸滌寰暨軍政部第二防疫大隊大
隊長劉經邦、第四防疫分隊齊樹功、衛生署醫療防
疫隊第十七對方俊晶等相當人員外，現再決定由衛
生署派遣前國聯防疫專家，現任衛生署專員伯力士
博士，及醫療防疫隊第二路大隊長周振前往該地協
助防制。中國紅十字會總會救護總隊如有適當人員
可以抽派時，亦應抽派前往協助。

二、組織

查衢縣現各方機關人員紛集，如均各不相謀，則防
制反不易週密，似應即就地組織一聯合辦事機關指
揮處理並公推一員為主任委員負責主持。

三、器材

（1）鼠疫疫苗：查預防用之鼠疫疫苗，美國醫藥助
　　華會已捐贈衛生署二十二萬五千人用量，現
　　存香港；軍醫署前定有十萬人用量，現存貴
　　陽一千瓶、衡陽五百瓶，已運往江山及上饒
　　八百四十瓶；衛生署現存重慶五百瓶、貴陽
　　一千五百瓶，可應目前急需，但仍需繼續補
　　充。現軍醫署又再訂購十萬人用量。

（2）鼠疫血清：查治療用血清，衛生署去年已向
　　中央防疫處訂購兩萬公撮，可供一千病例治
　　療之用量。

（3）治療用化學藥品：

    （甲）Sulfathiazole，美國醫藥助華會已捐贈一批現在中途中。

    （乙）Sulfanilamide 及 Sulfadimidine 現軍醫署、衛生署及中國紅十字總會救援總隊均有存品，亦可為治療之用。

（4）殺鼠毒劑：殺鼠用之氰酸氣美國醫藥助華會已捐有兩噸，現在香港。

四、運輸

查現存香港之藥品疫苗，已由衛生署金署長、軍醫署盧署長、中國紅十字會總會救護總隊林總隊長聯各電請美國紅十字會住港辦事處用飛機將上項藥品運送南雄，再由紅十字會總會救護隊部派汽車轉運浙、贛、閩三省，應由衛生署擔任汽油費三千元，不足之數由紅十字會擔任。

在貴陽、衡陽之疫苗及其他用品可交由伯力士博士及周大隊長帶往衢縣，其由重慶至衡陽段須用之汽車、汽油由衛生署擔任；衡陽至鷹潭段需用之汽油，因衛生署汽油缺乏，擬請後方勤務部撥發一百加侖（衡鷹段全程九百三十餘公里）；鷹潭至衢縣可用火車運輸。

五、刊物

（1）供技術人員參考用之小冊，前由戰時防疫聯合辦事處請伯力士博士編著「鼠疫防治實施辦法」（防疫必攜第三種），已由戰時防疫聯合辦事處審定譯竣，現已印就即可分發應用。

（2）供宣傳民眾喚起對鼠疫注意之通俗刊物。前
　　　日戰時防疫聯合辦事處委托衛生署實驗處衛
　　　生教育系編制「可怕的鼠疫」一種，現亦編
　　　竣即可請各合組機關採用分發。

● **為據電陳浙江衢縣鼠疫再度流行防制辦法等件由**

文號：辦四二字第 18155 號

日期：30 年 4 月 18 日

衛生署金署長勛鑒：

卅防字第 5015 號卯真代電暨附件均悉，特復。

　　　　　　　　　　　　　　軍事委員會辦四二（巧）印

● **為衛生署電陳浙江衢縣鼠疫再度流行防制辦法一份
函請查照轉陳由**

文號：辦四二字第 18156 號

日期：30 年 4 月 18 日

頃接衛生署卅防字第 5015 號卯真代電一件，附送浙江
衢縣鼠疫再度流行防制辦法一份及鼠疫防治實施辦法一
份請鑒核等由，除已承辦會代電復悉及該鼠疫防治實施
辦法核與本廳檢診所翻印本大致相同，留未抄送外，相
應抄同原代電暨浙江衢縣鼠疫再度流行防制辦法各一
件，函請查照轉陳備核為荷。此致侍從室第二處。

附抄送原代電一件及浙江衢縣鼠疫再度流行防制辦法各
一件

● **為續報關于衢縣鼠疫疫情電祈鑒核由衛生署快郵代電**

文號：卅防字第 6202 號

日期：30 年 4 月 30 日

軍事委員會委員長蔣鈞鑒：

本署三十年四月十一日卅防第 5015 號防卯真代電密陳關於衢縣再度發生鼠疫一案，經奉鈞會本年四月十八日辦四渝字第 18155 號辦四二巧代電令知在案。謹將自本年四十一日以後續獲關于衢縣鼠疫疫情分陳如下：

（一）福建省衛生處處長陸滌寰處長佳（九日）電稱：

「衢縣七日起疫勢似減定，佳（九日）開防疫大會舉行全城大掃除，薰蒸工作，封鎖鼠糧，改善房屋等積極防疫事項。

（二）浙江省衛生處陳萬里處長灰（十日）電稱：「本處已派防疫隊在衢工作，鈞署第十七醫防隊已到達。陸處長灰（十日）回閩，留滅鼠工程員三人在衢工作。

（三）又據陳萬里處長文（十二日）電稱：「省撥衢防疫費五萬元決加防疫機構，本處派員會同魯專員負責辦理」各等情。

除分別嚴飭加緊防治撲滅外，謹續電陳敬祈鑒察。

衛生署長金寶善叩防卯陷印

● **為續報關於衢縣鼠疫疫情由**

文號：辦四二字第 18711 號

日期：30 年 5 月 7 日

衛生署金署長勛鑒：

卅防字第 6202 號防卯陷代電悉，特復。

軍事委員會辦四二（虞）印

● **為衛生署續報關於衢縣鼠疫疫情電請查照轉陳由**

文號：辦四二字第 18712 號

日期：30 年 5 月 7 日

侍從室第二處陳主任勛鑒：

頃接衛生署卅防字第 6202 號防卯陷代電開，三十年四月十一日卅防字第 5015 號防卯真代電密陳關於衢縣再度發生鼠一一案云云敬祈鑒察等由，除已承辦會電復悉外，特電請查照轉陳為荷。

軍事委員會辦公廳辦四二（虞）印

● **為再續報最近衢縣鼠疫疫情並附呈浙閩贛三省防治**
　鼠疫人員調訓見習暫行辦法一份敬祈鑒察由

文號：卅防字第 9478 號

日期：30 年 6 月 1 日

軍事委員會委員長鈞鑒：

本署三十年四月三十日卅防 6202 號防卯陷密代電續報衢縣鼠疫疫情一案諒邀鈞詧，謹將據戰時防疫聯合辦事處呈報最近衢縣鼠疫疫情各節，再續電陳如下：

（一）軍政部第四防疫分隊四月十二日電稱：「衢縣鼠疫三月五日至三十一日死亡經鏡驗確定者一八人近日死亡大減，疫勢漸平。」

（二）軍政部第二防疫大隊劉隊長經邦五月二十九日字衢縣來電稱：「奉派協助防治衢縣鼠疫，經

赴上饒與第三戰區司令長官部接洽計畫防疫檢驗工作，儉（二十八）日抵衢。」又該大隊長六月二日電稱：「1. 衢縣鼠疫先後發現三例，均死亡。自五月十七日後，迄未續發。2. 此間改善防疫機構省會組織臨時防疫處有魯行政專員兼任處長，浙江省衛生處處長陳萬里兼副處長，正積極籌備進行中。3. 軍政部第四防疫分隊自四月一日起開始滅鼠工程，已完成七百戶。本大隊大二支隊全部調衢擔任預防注射消毒等工作。」

（三）軍政部第四防疫分隊六月二十一日電稱：「衢縣十八日發現肺鼠疫一例，十九日又發生一例，已局部封鎖，各項防治辦法同時進行。」

（四）軍政部第二防疫大隊劉大隊長經邦六月十八日電稱：「六月十五日與衛生署醫療防疫隊第四大隊周大隊長振及第三戰區衛生處楊處長濟民會商防治事宜。今晨發現肺鼠疫一例，業經伯力士博士（本署外籍專員 Dr. Pollitzer，現派在衢縣協助防治鼠疫工作）檢驗證實，現已會商緊急處理辦法。」

此外關于江西上饒方面，最近亦發生鼠疫，據本署醫療防疫隊第四大隊周大隊長振六月十二日自上饒來電稱：「上饒文（十二日）死鼠疫一例，各種塗片經振親驗兩極染色桿菌甚多。」並據戰時防疫聯合辦事處轉據第三兵站總監部衛生處已馬健電稱：「上饒中心衛生院已虞（七日）發現鼠疫第一病例，文（十二）日死亡，經該

院鑑定確實，又上饒楊家湖發現二人已死亡，以上三人均自衢縣遷眾」等情，除已電飭伯力士專員及周振大隊長等加緊協助防疫，迅予撲滅，並電浙贛各省衛生主管機關切實注意防治防堵外，復查年來各地時告發生鼠疫防治人員至感缺乏。本署鑑于事實上之需要，特擬就浙、閩、贛三省防治鼠疫人員調訓見習暫行辦法，成立鼠疫防治實施見習班，則由周大隊長振主持，其事由伯力士專員協同指導工作。此項見習班設置之目的，一方面為加強衢縣防疫人員力量；一方面為便各隊員由工作中獲得學習機會及實地經驗，兼能增加防治鼠疫技術人員之數量。茲已將此項辦法發交浙、閩、贛三省衛生處飭即派員前往衢縣參加見習，並發電粵桂湘各省衛生處即斟酌情形，于必要時亦可派員參加各在案，謹隨電呈浙、閩、贛三省防治鼠疫人員調訓見習暫行辦法一份，敬祈鑒察為禱。

衛生署署長金寶善叩防巳東印

附一件

浙閩贛三省防治鼠疫人員調訓見習暫行辦法

（1）本辦法以調訓浙、閩、贛三省（以下簡稱三省）之與防疫有關人員馳往鼠疫流行區域參加實地工作。見習防治鼠疫方法為目的，定名為鼠疫防治實地見習班（但必要時，閩浙贛以外各省亦得派員前往見習）。

（2）調訓之人數按各地情形之需要，由各省衛生處酌派，暫時規定每省二人至三人。

（3）見習時間暫定三個月，必要時得臨時延長或補短。

（4）見習地點暫定為浙江衢縣，如有其他地方鼠疫發現時，得視臨時需要情形，隨同主要防治人員遷往見習。

（5）技能方面，以能預防治療及環境衛生之改良，並能應行急變，指導疫區民眾共同防治為原則。

（6）見習科目：

　　（甲）防鼠工程

　　（乙）滅鼠滅蚤方法

　　（丙）鼠疫之細菌學的及生物學的檢驗技術

　　（丁）治療概要

　　（戊）隔離檢疫大綱

（7）見習人員來往旅費以及在見習時內之薪金暨膳宿雜費等等，概由原保送機關擔任發給。見習時，因協助地方實施防治所需之旅運雜費，由本署防疫專款補助之。

（8）見習人員應儘先選送優秀份子，俾結業後能作師資訓練其他人員。

（9）見習人員再見習期間應將每日工作按日記錄，結業時彙集成冊以作異日參考並報告原送機關。

（10）見習班設主任一人，負責通籌建習班課程及各有關事項，暫由本屬醫療防疫大隊長兼任之。

（11）訓練之教師必要時得臨時聘請各地衛生處于防治鼠疫經驗豐富者參加指導。

（12）見習班所需要之器材購置及雜支由衛生署籌撥五千元，不敷之數由地方防疫經費項下開支，其預算數目另訂之。

（13）本辦法如有未盡事項得臨時修改。

（14）本辦法自公布之日施行。

● **呈送浙江鼠疫調查報告及抗站以來各省鼠疫發現及防治經過擇要報告各一件敬祈鑒核由**

文號：卅防第 8719 號

日期：30 年 6 月 18 日

查本署前據防疫處處長容啟榮等「三十年二月三日于弋陽葉家壩呈送調查浙江省鼠疫疫情報告一件，業經于本年二月二十二日以卅防字第二五三四號轉呈鈞會鑒核在案。現該員等在浙工作完畢，已返重慶。本署謹將該員等在浙調查鼠疫疫情總報告一件及抗戰以來各省鼠疫發現及防治經過擇要報告各一件」備文呈請鑒核為禱。謹呈軍事委員會長蔣。

衛生署長金寶善

● **為據送浙江鼠疫報告及各省發現鼠疫防治經過報告由**

文號：辦四渝第 30012 號

日期：30 年 6 月 30 日

衛生署金署長勛鑒：

三十年六月十八日卅防第 8719 號呈暨附件均悉，特復。

軍事委員會辦四二（麻）印

● 為衛生署呈送浙江鼠疫報告及各省發現鼠疫防治經過報告函請查照轉陳由

文號：辦四渝二字第 30013 號

日期：30 年 6 月 30 日

茲據衛生署本年六月十八日卅防第 8719 號呈文一件。為查本署前據防疫處處長容啟榮等云云備文呈請鑒核為禱等由，並附報告二件。查該署卅防字第 2534 號呈文，業於二月廿五日已渝義字第 1430 號分送貴處核辦。茲接前由，除已承辦，本會代電復悉外，相應檢同附件函請查照轉陳為荷。此致侍從室第二廳。

附衛生署原送報告兩件

● 據衛生署續報衢縣鼠疫疫情並附呈浙、閩、贛三省防疫人員調訓見習暫行辦法祈鑒核等情除代電復悉外抄同原附件希查照轉陳由

文號：辦四（二）字第 20294

日期：30 年 7 月 12 日

侍從室第二處勛鑒：

據衛生署卅防字第 9478 號代電續報衢縣最近鼠疫疫情並附呈浙、閩、贛三省防疫人員調訓見習暫行辦法祈鑒核等情，除代電復悉外，特抄同原件希查照轉陳為荷。

軍事委員會辦公廳辦四（二）文印

● **據續報衢縣最近鼠疫疫情並附呈浙閩贛三省防治鼠疫人員調訓見習暫行辦法請鑒核等情復悉由**

文號：辦四（二）字第 20294 號

日期：30 年 7 月 12 日

重慶衛生署卅防字第 9478 號代電悉，特復。

　　　　　　　　　　　　　　　　軍事委員會辦四（二）文印

逕復者案准貴廳辦四二文電，抄附衛生署所呈浙、閩、贛三省防治鼠疫人員調訓見習暫行辦法囑轉陳等由，經陳奉閱悉，相應函復即請查照為荷。此致本會辦公廳。

　　　　　　　國民政府軍事委員會委員長侍從室第二處啟

　　　　　　　　　　　　　　　　　　　　　　7 月 18 日

● **為呈防治衢縣鼠疫工作進度表乞核由**

文號：卅防字第 10527 號

日期：30 年 8 月 15 日

軍事委員會蔣鈞鑒：

查本署於本年四月十一日以卅防 5015 號防卯真代電，又同三十日以卅防 6202 號防卯陷代電及七月一日以卅防 9478 號防巳東代電連續呈報鈞會，關于衢縣再度發生鼠疫疫情各在案。茲據浙江省衛生處處長陳萬里本年七月五日衛三松字第 371 號呈稱：「案查衢縣第二次流行鼠疫，本處為謀健全防疫機構，增強防治工作效率並期迅速撲滅疫勢起見，經擬訂防治衢縣鼠疫實施辦法呈奉浙江省政府核准施行並呈報在案。本處長於五月二十八日、六月十八日先後兩次到縣督導防治，所有自

六月上旬起以至同月下旬為止，是項防治工作進度茲為
彙列報告備文呈送仰祈鑒核備查」等情。謹隨電抄呈浙
江省衛生處處長陳萬里所呈防治衢縣鼠疫工作進度一
件，敬祈鑒察。

　　　　　　　　衛生署署長金寶善叩防未刪印

防治衢縣鼠疫工作進度

一、計已進行者

（一）臨時防疫處成立。

（二）全城分二十區依次推進滅鼠工程，即由軍政部
　　　　第四防疫分隊，每日分五組出發封閉鼠穴以及
　　　　拆除天花板、地板等工作。

（三）由軍政部第二防疫支隊擔任全城挨戶普遍預防
　　　　注射工作。

（四）隔離醫院已經開始收容患者由縣衛生院院長兼
　　　　任院長，並由紅會醫療隊副隊長駐院診治及為
　　　　新藥（Sulfathiazole）治療之實驗。

（五）留驗所業已改善組織，另遷地址亦已開始收容。

（六）依照行政區域八個聯保分派醫護人員逐日訪
　　　　問，各戶以朝發見早期並人，即由本省臨時第
　　　　二防疫隊隊員擔任。

（七）檢驗患者及類似患者，並於檢驗鼠類由伯力士
　　　　專員主持，本省臨時第二防疫隊派員協助。

（八）訓練當地學生擔任衛頭、化妝表演，由本省臨
　　　　時第二防疫隊主持。

（九）各部分統計數字由本省臨時第二防疫隊主辦。

（十）延聘當地人士及各區領袖組織防疫會議。

（十一）發生肺鼠疫區域與以封鎖。

二、正在進行者

（一）嚴密疫情報告正在設法改善。

（二）新建房屋之防鼠設備以及保護食物方法正在擬
　　　訂辦法中。

（三）全滅清潔事宜正在商訂辦法。

（四）斷絕鐵路交通及設立檢疫站事正在審議中。

● 　為防治衢縣鼠疫工作進度表由

文號：辦四二字第 1371 號

日期：30 年 8 月 31 日

衛生署金署長勛鑒：

卅防字第 10527 號未刪代電暨附件均悉，特復。

　　　　　　　　　　　　軍事委員會辦四二未（世）印

● 　為衛生署送防治衢縣鼠疫工作進度表函請查照轉陳由

文號：辦四二字第 1372 號

日期：30 年 8 月 31 日

頃接衛生署卅防字第 10527 號未刪代電，為查本署於本
年四月十一日云云敬祈鑒察等由，附防治衢縣鼠疫工作
進度表一件，除已承辦會電代復悉外，相應抄同附件函
請查照轉陳為荷。此致侍從室第二處。

附抄送防治衢縣鼠疫工作進度表一件

● **為奉三十年一月辦四渝（二）麻代電及辦四渝軍字**
　五八四一號訊令飭軍醫署研究鼠疫預防辦法具報謹
　將遵辦情形轉呈鑒核由

文號：醫衛（30）申渝字第 80137 號

日期：30 年 9 月 8 日

重慶軍事委員會委員長蔣鈞鑒：

前奉鈞會三十年一月六日辦四渝（二）麻代電，以據桂林辦公廳李主任電報敵機飛襲金華散放鼠疫菌，飭迅飭鈞醫署核議預防辦法具報等因；奉此，當經遵辦並於本年一月二十三日以醫衛（30）子渝字 800156 號子梗醫衛代電呈復在案。旋奉三十年一月三十日辦四渝軍字 5841 號訓令為抄發第三戰區顧司令長官補送各方報告關於鼠疫經過情形各附件，飭轉飭軍醫署研究預防辦法具報等因；遵經再飭該署辦理具報。茲據該署報稱謹將遵辦情形分陳如下：

（一）派員查報浙江鼠疫情形。本署前於二十九年十一月據報敵機在浙江金華散放鼠疫桿菌，當經電飭第二防疫大隊詳細檢查具報，並與衛生署會商處置辦法。更於二十九年十二月會同衛生署派容主任教官啟榮等偕同國聯防疫專家葉墨博士前往浙江實地考察並協助防治，業經先後呈報有案。本年二月據容啟榮呈報浙江鼠疫流行概況及敵機散放鼠疫未能確證情形，六月復據容啟榮繕呈浙江鼠疫調查報告書前來，關於敵機散放鼠疫桿菌一節，據原報告略稱不敢否認鄞、衢兩縣鼠疫與敵機投擲異物之關係，惟因敵機所投麥粒栗蚤及黃

色顆粒等，或未經檢查有無摻混其他異物，或未
行動物試驗，經四十餘日後始舉行動物試驗結果
陰性，我方未獲得科學的實證等語。是此，浙境
鼠疫流行是否由於敵機散放鼠疫桿菌所致，尚未
能確加斷定。

（二）防治辦法

（1）本署於二十九年十一月據報衢縣等處發生鼠
疫及敵機散放鼠疫桿菌，除與衛生署會商處
治辦法，電飭第二防疫大隊檢驗具報外，並
飭該隊及第四防疫分隊會同地方衛生機關統
籌防治，對於駐軍尤須竭力預防傳染。十二
月二十日會同衛生署舉行緊急會議，訂防制
敵機散播鼠疫菌實施方案。嗣據容啟榮第一
次報告浙江鼠疫流行概況及敵機散放鼠疫菌
未能確證情形，而衢縣鼠疫又再度發生，復
於四月三日會同衛生鼠疫訂浙江衢縣鼠疫再
度流行防制辦法，均經先後分別施行。

（2）關於防疫器材之準備：除各防疫隊細菌檢驗
設備分飭充實外，鼠疫疫苗共購到五千五百
瓶。自本年二月起，陸續運往第三戰區應
用，治療用之 Sulfanilamide Sulfadimidine 以
儲存大量備用，殺鼠用之炭酸鋇亦經向國外
訂購。

（3）國聯防疫專家伯力士博士編著之「鼠疫防治
實施辦法」，經本署鉛印一萬本，已分發各
部隊機關運用。

（4）浙境鼠疫雖僅流行民間，本署為求軍民防疫切實合作起見，始終與衛生署密切連絡，一切措施隨時會同商洽。依照共同之目標，各就主管範圍負責進行以收分工合作之效。本部駐在第三戰區之各防疫隊亦與地方衛生機關不分畛域，一致努力。

（三）最近防治情形

二十九年浙境發見鼠疫並經證實者，計有慶元、鄞縣、衢縣等處，除慶、鄞兩地鼠疫三十年均未繼續發生外，謹將衢縣鼠疫最近防治情形略陳如下：

（1）人員：除浙江省衛生處處長陳萬里、福建省衛生處處長陸滌寰已親往主持，衛生署已派國聯防疫專家伯力士博士、醫療大隊長周振及醫療防疫隊第十七隊人員前往防治外，並由本部第二防疫大隊及第四防疫分隊切實協防。第四防疫分隊已成立滅鼠工程隊，第五隊擔任滅鼠及消毒工作。

（2）組織：已由前往衢縣軍民防疫人員及地方政府組織衢縣臨時防疫處，下設總務、檢驗、工程三科，負責推行一切防治事宜。

（3）工作：衢縣全城民眾三萬餘人施行預防注射者已超過半數，滅鼠工程已全部完成，並已設立隔離所、留驗所各一處。

（4）疫情：衢縣自本年三月五日起，再度發現鼠疫後，截至本年五月上旬止，該縣民眾計共

死亡一一五人，現在疫勢已衰，軍隊方面
迄未據報發生鼠疫。

以上三項，理合報請鑒核等情。附呈防制敵機散播鼠疫
菌實施方案、浙江衢縣鼠疫再度流行防制辦法暨鼠疫防
治實施方法及容啟榮調查報告書各一份到部，理合檢同
原附各件據情呈轉鑒核。

軍政部部長何應欽申齊醫衛渝
附呈防制敵機散播鼠疫菌實施方案、浙江衢縣鼠疫再度
流行防制辦法暨鼠疫防治實施方法及容啟榮調查報告書

防制敵機散播鼠疫菌實施方案（衛生技術部份）

一、調查

　　根據浙境情報，暴敵似有採用違背人道的細菌兵器
　　之可能，應即由衛生署、軍醫署、中國紅十字會
　　總會、救護總隊部等機關派員會同國聯醫官前往詳
　　查，俟確切證實後即行發表對外宣傳，但同時應積
　　極準備各種防治辦法。

二、製備預防用鼠疫疫苗

　　（一）衛生署應飭中央及西北兩防疫處立即開始製
　　　　　造鼠疫疫苗以供各方面之採用。

　　（二）衛生、軍醫兩署於可能範圍內備相當數量之
　　　　　疫苗分存各地。

　　（三）由紅十字會總會向國外大量募集，以補救國
　　　　　內製備力量之不足。

三、製備治療用鼠疫血清

　　查中央、西北兩防疫處現未製造是項血清，其製造

費時，成本亦昂，應著手逐漸出品，由衛生、軍醫
兩署分發儲備。紅會方面更應向國外募集，俾早得
實用與多量儲備。

四、充實檢驗設備

（一）關于各地方細菌檢驗設備之充實，由衛生署
辦理。

（二）關於軍政部各防疫隊細菌檢驗設備之充實，
由軍醫署辦理。

五、準備殺鼠滅蚤注射消毒等器材

由衛生署軍醫署及紅十字會總會救護總隊部等機關
從速購存下列各種器材。

（一）祇舉辦毒餌殺鼠方法僅適用於未有鼠疫流行
之地方，其已經流行之地應用氰酸氣以便同
時滅蚤，故碳酸鋇及氰酸氣均應大量購備。

（二）防治鼠疫工作人員應用之防蚤服裝，如特種
面罩、手套、長靴等。

（三）其他器材，如消毒用藥注射器等。

六、人員準備

除各省地方主管衛生機關應有專員負責處理應付細
菌兵器之各種技術外，衛生署之醫療防疫隊、軍政
部之防疫隊及紅會總會救護總隊均應有是項專門人
員以便隨時派遣。

七、印發刊物

（一）由衛生署衛生實驗處衛生教育系即編關于鼠
疫之通俗刊物分交衛生署軍政署即發。

（二）戰時防疫聯合辦事處已請國聯醫官伯力博士

編成「鼠疫防治實施辦法」，應即譯成中
文，分文衛生署、軍醫署及紅會總會救護
隊印發，以供防疫人員之用。

八、研究工作

（一）由衛生、軍醫兩署指定人員研究細菌兵器之
防制方法並應通力合作以赴事功。

（二）關於防制鼠疫之環境，衛生部分亦應指派人
員從速擬定方案。

（三）由衛生署衛生實驗處化學藥物系注意調查毒
殺鼠滅蚤藥品之原料並研究其製造。

九、制訂章則

（一）防制暴敵散播病原菌辦法。

（二）敵機所散播者經證明為鼠疫菌或蚤類時之緊
急處置辦法。

（三）屬行疫報告，依照戰時防疫聯合辦事處規定
之各初站於發現鼠疫病人第一例時，應即
電告。

十、籌撥經費

（一）衛生署、軍醫署各就防制敵人應用細菌兵器
各種所需經費請撥專款。

（二）各省地方應儘可能酌撥防制細菌兵器各種設
施之經費。

浙江衢縣鼠疫再度流行防制辦法

一、人員

查衢縣防制鼠疫人員除已有浙江全省衛生處處長陳

萬里就地主持，及顧司令長官電調赴該地協助之福
建全省衛生處處長陸滌寰暨軍政部第二防疫大隊大
隊長劉經邦、第四防疫分隊齊樹功、衛生署醫療防
疫隊第十七對方俊晶等相當人員外，現再決定由衛
生署派遣前國聯防疫專家，現任衛生署專員伯力士
博士，及醫療防疫隊第二路大隊長周振前往該地協
助防制。中國紅十字會總會救護總隊如有適當人員
可以抽派時，亦應抽派前往協助。

二、組織

查衢縣現各方機關人員紛集，如均各不相謀，則防
制反不易週密，似應即就地組織一聯合辦事機關指
揮處理並公推一員為主任委員負責主持。

三、器材

（1）鼠疫疫苗：查預防用之鼠疫疫苗，美國醫藥
助華會已捐贈衛生署二十二萬五千人用量，
現存香港；軍醫署前定有十萬人用量，現存
貴陽一千瓶、衡陽五百瓶，已運往江山及上
饒八百四十瓶；衛生署現存重慶五百瓶、貴
陽一千五百瓶，可應目前急需，但仍需繼續
補充。現軍醫署又再訂購十萬人用量。

（2）鼠疫血清：查治療用血清，衛生署去年已向
中央防疫處訂購兩萬公撮，可供一千病例治
療之用量。

（3）治療用化學藥品：

（甲）Sulfathiazole，美國醫藥助華會已捐贈
一批，現在中途中。

　　　　（乙）Sulfanilamide 及 Sulfadimidine 現軍醫署、
　　　　　　衛生署及中國紅十字總會救援總隊均
　　　　　　有存品，亦可為治療之用。
　　（4）殺鼠毒劑：殺鼠用之氰酸氣美國醫藥助華會
　　　　　已捐，有兩噸，現在香港。
四、運輸
　　查現存香港之藥品疫苗，已由衛生署金署長、軍醫
　　署盧署長、中國紅十字會總會救護總隊林總隊長聯
　　各電請美國紅十字會住港辦事處用飛機將上項藥品
　　運送南雄，再由紅十字會總會救護隊部派汽車轉運
　　浙、贛、閩三省，應由衛生署擔任汽油費三千元，
　　不足之數由紅十字會擔任。
　　在貴陽、衡陽之疫苗及其他用品可交由伯力士博士
　　及周大隊長帶往衢縣，其由重慶至衡陽段須用之
　　汽車、汽油由衛生署擔任；衡陽至鷹潭段需用之汽
　　油，因衛生署汽油缺乏，擬請後方勤務部撥發一百
　　加侖（衡鷹段全程九百三十餘公里）；鷹潭至衢縣
　　可用火車運輸。
五、刊物
　　（1）供技術人員參考用之小冊，前由戰時防疫聯
　　　　　合辦事處請伯力士博士編著「鼠疫防治實施
　　　　　辦法」（防疫必攜第三種），已由戰時防疫
　　　　　聯合辦事處審定譯竣，現已印就，即可分發
　　　　　應用。
　　（2）供宣傳民眾喚起對鼠疫注意之通俗刊物。前
　　　　　日戰時防疫聯合辦事處委托衛生署實驗處衛

生教育系編制「可怕的鼠疫」一種，現亦編
竣，即可請各合組機關採用分發。

● 關于浙江衢縣發生鼠疫防止撲滅等情乞核由

文號：卅防字第 15468 號

日期：30 年 11 月 5 日

軍事委員會委員長蔣勛鑒：

查關于浙江衢縣發生鼠疫一案，截至本年六月止，所有
疫情經過業經于本年七月一日以卅防 9478 號防午東代
電續報鈞會鑒察在案。謹將自本月七日以後所獲有關各
方面回報疫情各節摘要電陳如下：

（一）本屬醫療防疫隊第四路大隊長周振七月十二日
　　　電：「六月份鼠疫經檢驗證實者，病人四例，
　　　屍體七例，共十一例內肺鼠疫三例，死鼠證實
　　　為疫鼠者二十四隻；七月上旬檢驗無陽性病例，
　　　死鼠證實為疫鼠者三隻，疫勢消滅。」

（二）軍政部第四防疫分隊七月十一日電：「本月上旬
　　　發現疑似鼠疫一人已死，疫鼠未發現。拆地板、
　　　天花板及氰化鈣滅鼠等工作已完成一四七四戶，
　　　約佔衢縣五分之一，現仍積極進行中。」

（三）本署醫療防疫隊第一防疫醫院電稱：「職院七
　　　月十四日遷衢。」

（四）本署醫療防疫隊第四路大隊長周振八月二十一日
　　　電：「七月份無證實病例與屍體，疫鼠二十隻；
　　　八月一日至十八日無病例證實，屍體七例，疫數
　　　十一隻。」又九月一日電：「八月份衢縣鼠疫無

新病例發現，屍體檢驗陽性者一例，死鼠檢驗
一八七隻內疫鼠十六隻，活鼠八五隻均陰性，印
度蚤指數一點一；本月份訓練完畢者有第一防疫
醫院醫防十六隊工作人員及保甲長及憲兵等」，
及九月十二日電：「衢縣鼠疫七月起無病例發
現，惟疫蚤日增，城區挨戶注射自微（五日）起
齊行」，再該大隊長十月一日電：「九月衢縣無
鼠疫病例，死鼠三六九隻內疫鼠二十一隻，活鼠
一五九隻內均無疫鼠，印度蚤指數二點一。自十
月起在衢各隊院男醫助員均補調衛生工程隊，先
做滅蚤、滅鼠工程工作，醫護員作家庭訪視，推
進宣傳及調查環境衛生」等情。

此外，並據報浙江義烏亦發生鼠疫其疫情如下：

（一）浙江省衛生處十月九日電：「義烏發現死鼠及嫌
疑患者正檢驗中」，又十月十二日電：「義烏
鼠疫確定已死七人，病四人現正設法防治」。

（二）軍政部第四防疫分隊十月十一日電：「義烏北街
門牌六號及其對門六九號發現腺鼠疫，業經本隊
檢驗證實已死四人，病兩人，死鼠■■■■病人
及其家屬已分別隔離留驗。第一病例二日發病，
六日死亡，其家屬將屍體用被包裹送諸暨」。

（三）本署醫療防疫隊第四路大隊長周振十月十三日
電：「義烏鼠疫迄元（十三日）已死六人，死
鼠續發現。十三日晚，本署醫療防疫隊工程隊
隊長過基同偕醫防十六隊工作人員啟程前去，
詳情續呈。」

（四）浙江衛生處長陳萬里十月十六日電：「職本日
抵義烏派柯主光技正在該縣主持。」

（五）本署醫療防疫隊第四路大隊長周振十月二十日
電：「義烏鼠疫迄十六日，死十二人，本署專
員伯力士博士已于十八日赴義烏指導一切。」

（六）軍政部第四防疫分隊十月十五日電：「義烏鼠
疫及疫鼠已證實死十二人，發現死鼠五十二
隻。十月二十四日封鎖疫區內有民眾約三百人
等」各等情，除分電各有關機關暨令飭本署在
浙辦理防疫人員通力協助防治撲滅，並加發大
批鼠疫疫苗及血清及化學應用藥品 Sulfathiazole
等外，謹續電陳敬祈鑒察。

衛生署署長金寶善叩防戌微印

● **呈報浙江義烏金華兩地鼠疫疫情及防治經過計六項
乞核由**

文號：卅防字第 10036 號

日期：30 年 11 月 15 日

軍事委員會委員長蔣鈞鑒：

查本署于本年十一月五日以卅防 15468 號防戌微代電
呈報浙江衢縣、義烏兩地鼠疫疫情及防治經過一案計
邀鈞鑒，謹再就各方所獲義烏及金華兩地鼠疫疫情續
陳如下：

（一）本署醫療防疫隊總隊部十月二十五日電稱：「頃
據本部第十六隊電報義烏鼠疫刪前死十二人，
正極力撲滅中」。

（二）浙江省衛生處處長陳萬里十月二十三日衛六三
　　　方字第 1894 號酉 9923 禮方代電稱：「查義烏
　　　發生鼠疫後，處長為求明瞭疫區實際情形並其
　　　策動義烏附近各縣共同防範起見，當經於十
　　　月十五日率同本處科長王毓榛技正、方植民技
　　　佐、魏月仙本處省會衛生事務所主任、醫師陳
　　　世昌等出發至義烏、金華、蘭谿、浦江等縣視
　　　察，並指導一切防治工作及在金華、蘭谿兩縣
　　　各開防制鼠疫衛生展覽會，歷時七日，於同月
　　　二十日返省」。所有各該縣視察及指導經過情
　　　形，茲扼要報告如次：

（1）義烏疫區為該縣城區北門街一帶稠城鎮第
　　　十三保，全保人口計有二五九人。據衛
　　　生院調查所得，最初發展之鼠疫病人為北
　　　街第六號居民，名為酈寇明，男性，年齡
　　　二十四歲，浙贛鐵路義烏站賣票員於十月
　　　二日發病，六日死達，人數截至十五日止
　　　計有十一人。十六、十七日均無新病人發
　　　現，惟死鼠經檢驗陽性者仍陸續有發見。
　　　全保人數除已死亡十一人並留驗者五人
　　　外，餘於該縣舉行隔絕疫區交通以前遷避
　　　在外，已嚴飭該縣府責成保長務須將遷避
　　　在外之人數詳細調查登記，並飭於十七日
　　　晚舉行全城戶口密查，期能發覺一有疫區
　　　居民遷徙而來者即予追回留驗。一面並將
　　　原有隔絕交通之區域向外擴大，重行劃定

區域，隔絕交通以示嚴密。滅鼠工程分三組於十七日起從新劃定區域，自外向疫區進行工作，預防注射亦已普遍實施，並派員指導中學生擔任宣傳工作，處長到縣後出席該縣防疫委員會會議一次，指示如何健全機構、如何聯繫工作，以為當前關于防疫上之必要措施等等，並曾召集全城保長談話。現在該縣擔任防疫技術上工作之單位，除本處由技正柯主光率領之臨時第二防疫隊一部份人員暨該縣衛生院人員外，尚有鈞署第四醫療防疫大隊過工程師基同、第十六醫療防疫隊人員、軍政部第四防疫分隊人員等。

（2）在金華參加第四區專員公署召集之防疫會議一次，召集城區醫師談話一次，並向城區保甲長暨三民主義青年團服務隊人員談話各一次，指示該縣應迅即籌款設置隔離病舍及留驗所。所有人員編制暨設備標準均已由處訂定交縣遵辦，不日即可設置完成。該縣二十日舉行全城清潔檢查並指導該縣須有醫師參加工作，期能一發現鼠疫之疑似病人，即予隔離及施行其他必要之工作。又指定該縣福音醫院派檢驗員一人至義烏見習鼠疫之檢驗工作，極短期間內見習完畢回縣，再另由本處派檢驗員一人幫同檢驗城區所有收集之死鼠。萬一如有

染疫之鼠可獲早期發現，並及早開展防治
工作，以杜蔓延他。如宣傳工作，本處曾
假該縣縣政府於十七、十八兩日舉行衛生
展覽會，參觀者數千人。

（3）十九日在蘭谿由該縣縣長召開該縣防疫委
員會會議並邀集當地醫師談話，處長出席
指導一切，諸如籌集防疫經會、設置隔離
病舍、留驗所，舉行全城清潔運動，收買
死鼠，檢驗鼠類健全防疫機構等工作，均
有決議短期內即可實施。當日，本處衛生
展覽會即在該縣舉行，民眾極為注意，一
日間參觀者即有二十人。

（4）浦江於十八日由該縣縣長召開全縣防疫會
議，本處方技正出席指導，確籌防經費籌
設隔離病舍及留驗所，組織疫情報告網推
動環境衛生，據點宣傳工作，派醫隨時盼
查病例等諸類工作。該縣各界深感鼠疫之
嚴重性，均當表接受短期內務可一一實施
併祈鑒核。

（三）十一月八日據本署醫療防疫隊總隊部呈閱，醫療
防疫隊第十六隊查稱：「義烏六日發現鼠疫」。

（四）浙江省衛生處處長陳萬里十一月六日電稱：「義
烏疫情截至微（五日）止，疫死十八人，治癒三
人，金華方岩均已進行死鼠檢驗。本省保安處電
敵由滬運疫菌至杭有轉運浙東散放企圖」。

（五）十一月十日據本署醫療防疫總隊部轉報：「醫防

第十六隊調義烏工作，於十月十四日到達」。

（六）浙江省衛生處陳處長萬里十一月八日電稱：「據
　　　報金華發現疫鼠，已派柯技正商洽防範」各等
　　　情，除分別嚴飭浙江省衛生處及本署醫療防疫
　　　隊切實與軍政部防疫大隊合作，竭力防堵撲滅
　　　並續發大量防治器材外，謹電呈敬祈鑒察。

衛生署署長金寶善防戌刪印

● **為衛生署電告衢縣鼠疫防止撲滅情形函請查照轉陳由**

文號：辦四二政字第 28673 號

日期：30 年 11 月 22 日

頃接衛生署卅防字 15468 號防戌微代電陳報關于浙江
衢縣發生鼠疫防止撲滅情形等由，除已承辦代電復悉
外，相應抄同原代電，函請查照轉陳為荷。此致侍從
室第二處。

附抄衛生署防戌微代電一件

● **為據報疫烏金華鼠疫防治經過情形由**

文號：辦四二政字第 23792 號

日期：30 年 11 月 26 日

衛生署金署長勛鑒：

本年十一月卅防字第16036 號防戌刪代電悉，仍希切實
設法防治撲滅為要。

軍事委員會辦四二政（寢）印

● **為衛生署報告疫烏金華鼠疫防治經過情形請查照轉陳由**

文號：辦四二政字第 23793 號

日期：30 年 11 月 26 日

頃接衛生署金署長本年卅防字第 16036 號防戌刪代電稱，查本署于本年十一月五日以卅防字第 15468 號防戌微代電云云敬祈鑒察等由，除已承辦會代電以「仍希切實設法防治撲滅為要」等查照轉陳為荷。此致侍從室第二處。

● **謹將所獲各方疫情三項乞核由**

文號：卅防字第 16792 號

日期：30 年 11 月 26 日

軍事委員會委員長蔣鈞鑒：

本署三十年十一月十五日卅防第 16036 號防戌刪代電密報防治義烏鼠疫疫情各節計邀鈞督，謹再將所獲各方疫情續陳如次：

（一）據本署醫療防疫隊總隊部本年十一月十五日渝二字第 1088 號轉呈第十六隊隊長林伯璋十月二十日報告稱：「本隊于十四日到達義烏，十五日開始工作。據查本月二日先有火車站職員鄭寇明突感急性疾病，六日即死。復查五日靠近火車站北門一帶之六十九號、四十四號等住戶共計患者十人，均告死亡。十一月經伯力士（本署外籍專員派往浙江協助防疫工作）將檢驗物檢查結果確斷為鼠疫。十三日離十五里許之鄉村死一人，

十三日北門附近又死一人，至今未有續發。惟死鼠常有發現且有擴大疫區之勢，經檢驗結果多數均係疫鼠，該縣已于十二日成立一防疫委員會，係縣長親自主持且將北門一帶嚴密封鎖。本隊及過工程師到達後即積極預防注射及滅鼠滅蚤等工作，省方並派柯主光來義，浙江省衛生處陳處長亦于十六日抵義視察，軍政部亦派員在此協助伯力士，于十八日亦已到達。此間工作，本隊工作迄今二十日為止，經注射者已有一千六百人」等情；復據該總隊同日渝二字第 1110 號代電轉據第四路大隊部過工程師基同十月二十日電稱：「最近義烏鼠疫在九月底發現死鼠首例，病人在十月八日發現至二十日止，共死十一人。二十四日續發現五例內敗血型一例、腺疫一例，疑似三例，死四例，一例病危。疫區現已封鎖並組隊在疫區內折毀天柵、地板，毀滅鼠巢，並于二十四日已開始用氰化鈣滅鼠，分為十區，預計二十天完畢。全城實行大掃除及清潔檢查、預防注射火車已未在義烏靠站等情。」

（二）據戰時防疫聯合辦事處呈閱軍政部第四防疫分隊十一月二日電稱：「義烏鼠疫十月二十四日死二人，二十八日死一人，檢驗均陽性，七月車站發現疫鼠一頭等語入。據伯力士專員報告截至十月二十四傳染共達二十二人，均嚴重。」以上疫情已由戰時防疫聯合辦事處通報各有關機關注意防範，除另由本署加發大量防治器材並轉飭加緊防

治勿任蔓延，及將辦理情形隨時報署再行轉陳
外，謹電鈞鑒。

衛生署署長金寶善叩防戌寢印

● **為據電呈所獲各方疫情及辦理情形請鑒核等情電復知照由**

文號：辦四（二）政字第 24205 號

日期：30 年 12 月 11 日

重慶衛生署金署長卅防字第16792 號戌寢代電悉，仍希
特飭加緊撲滅，嚴防蔓延為要，特復。

軍事委員會辦四（二）政（真）印

● **為據衛生署電呈所獲各方疫情函請查照轉陳由**

文號：辦四（二）政字第24206 號

日期：30 年 12 月 11 日

據衛生署卅防字第 16792 號戌寢代電續報義烏鼠疫及防
治情形電請鑒核到會，除承辦會電復以仍希轉飭加緊撲
滅嚴防蔓延外，相應抄同原代電函請查照轉陳為荷。此
致侍從室第二處。

附抄送原代電一件

● **查此次常德發生鼠疫據報各情乞核由**

文號：卅防字第 147 號

日期：31 年 1 月 3 日

軍事委員會委員長蔣鈞鑒：

案查此次常德發生鼠疫，本署先後據報證實病例已有八

人，所有疫情業經編呈第十二號鼠疫疫情緊急報告送請
鑒核在案。茲據本署派往常德防疫外籍專員伯力士博士
（Dr. Pollitzer）自常德艷電稱：「常德鼠疫按情況證據
確敵方所為，最後疫情發現於智（十二月廿日）日，惟
迄今無疫鼠發現，仍須繼續考查詳情，另行快函呈報」
等情，除俟詳函到署另電呈報鈞會外，謹先電陳敬祈鑒
督為禱。

衛生署署長金寶善叩防子江印

● **為函請迅將衛生署本年一月五日（卅）防字第一四**
　七號代電呈報常德鼠疫據陳按照當時情況及各項旁
　證認為確係敵方所為原案檢賜一閱俾資參考由

字號：衛（31）寅渝字第 800492 號

日期：31 年 3 月 10 日

奉委員長交辦衛生署署長金寶善本年二月二十日卅防字
第 2861 號防丑智代電一件，為呈送戰時防疫聯合辦事
處編呈「防治常德鼠疫報告」一份，敬祈鑒核由。查原
電敘有：此次常德發生鼠疫，前據本署派往常德防疫外
籍專員伯力士博士電陳認為確係敵方所為，業經於本年
一月五日以卅防字第 147 號防子江電呈報有案等語。該
防子江代電與本案有關，相應函請查照，將該署卅防字
第一四七號防子江帶電原案檢賜一閱，俾資參考為荷。
此致軍事委員會辦公廳。

署長盧致德

二　內政部檔案
卅一年處理敵機散布鼠
疫桿菌實施辦法

原案單位：內政部
移轉單位：內政部
典藏單位：國史館

● 補充防制敵機散佈鼠疫桿菌實施辦法

補充防制敵機散佈鼠疫桿菌實施辦法（民國三十年十一
月戰時防疫聯合辦事處）

二十九年十一月浙江鄞、衢兩縣先後發生鼠疫，據報敵
機於事前曾在鄞縣、衢縣及金華等地擲下麥粟、跳蚤以
及帶有細菌之顆粒等物品。衛生署、軍醫署及中國紅十
字會總會救護總隊部奉命派員會同前往調查，經實地勘
查後得知敵機散播異物，事出倉促，各方多未注意，以
致各項證物之搜集、檢驗及保存均未能妥為辦理，而失
去揭露敵方利用細菌兵器之機會，至為可惜。為亡羊補
牢之計，當由戰時防疫聯合辦事處擬定防制敵機散播鼠
疫桿菌實施辦法案，交請各合組機關執行。迨本年十一
月據報敵機在又在湖南常德、桃源擲落帶有細菌之碎
布、穀粒，旋常德即發生鼠疫，現正由中央、地方主管
軍民衛生防疫機關協同調查真相，並積極防治。查利用
人工方法散佈病菌為現代戰爭之最新武器，傳聞歐美各
國均已積極研究而於各種病菌中，尤以利用鼠疫桿菌之
可能性較大，故為預先防範，必須集中專門人員、充實

驗設備，期能利用科學方法證實敵人違背國際方法之暴
行，並揭制敵人細菌戰之實現。凡各重要城市必須具有
檢驗及防治設備，並應聘請外籍專科醫師協助工作，隨
時隨地予以佐證，以便將敵人陰謀公諸世界。復查我國
幅員廣闊，關於防制敵機散播病菌之實施，自非中央設
置一、二檢驗隊所能勝任，特指派全國衛生防疫機構分
工合作，長期戒備，必要時更由中央調派專門人員協助
至搜集敵機擲落病菌之證件，辦理不慎亦甚危險，故擔
任此項工作人員亦必予以專門訓練，方能應付裕如。又
鼠疫之預防及治療特效辦法等研究更屬刻不容緩，爰再
將前擬之防制敵機散佈鼠疫桿菌實施辦法酌予補充，以
利各方執行。

甲、機構

（一）防制敵機散佈病菌之機構在中央為戰時防疫聯
　　　合辦事處，在地方為各省市衛生主管機關及所
　　　屬各衛生防疫組織暨衛生署、軍醫署、中國紅
　　　十字會總會救護總隊三機關派駐各地之衛生防
　　　疫單位。

（二）戰時防疫聯合辦事處添聘專家，設置檢驗指導
　　　隊指導各地衛生防疫機關，辦理檢驗工作及設
　　　備之補充等事宜。

（三）經指定負責檢驗之衛生防疫機關負責就地檢驗
　　　敵機擲下之物品，對于附近無檢驗設備機關地
　　　帶，如有敵機擲下物品亦予以檢驗。

（四）各地擔任防空之軍民人等于發現敵機擲下物品
　　　後，如附近無檢驗設備，衛生防疫人員應即按

照「處理敵機擲下物品須知」辦理。

乙、人員

（一）調派專家參加戰時防疫聯合辦事處工作。

　　　（1）衛生署調外籍專員、細菌學專家伯力士博士
　　　　　　（Dr. R. Pollitzer）。

　　　（2）軍醫署調派軍政部戰時衛生人員訓練所檢驗
　　　　　　學組主任陳文貴。

　　　（3）中國紅十字會總會救護總隊掉醫防指導員
　　　　　　施正信。

　　　（4）其他細菌學、昆蟲學、流行病學、病理學等
　　　　　　專門技術人員由衛生署、軍醫署及中國紅十
　　　　　　字會總會救護總隊部斟酌情形調派或聘請。

（二）增請外籍專家參加或協助工作。

　　　（1）外籍軍醫顧問。

　　　（2）各地教會醫院外籍醫師。

　　　（3）中國紅十字會總會救護總隊外籍醫師。

　　　（4）國內各醫學院外籍教授。

（三）訓練專門工作人員以應需要，其負責訓練機關
　　　如後：

　　　（1）昆明中央防疫處。

　　　（2）蘭州西北中央防疫處

　　　（3）貴陽中國紅十字會總會救護總隊部、軍政部
　　　　　　戰時衛生人員訓練所。

　　　（4）衢縣衛生署醫療防疫隊第一路大隊部。

　　　（5）重慶衛生署中央衛生實驗院。

丙、器材

由衛生署、軍醫署及中國紅十字會總會救護總隊部儲備大量治療及預防鼠疫藥品，或向國內訂購，或向國外函請捐贈。其應立刻準備之器材及其數量如後：

（1）鼠疫苗三十萬瓶（每瓶四十公撮，足供四百八十萬人預防注射用）

（2）化學藥品（Sulfathiazole）兩噸（足供治療五萬鼠疫病例用）

（3）氰酸氣十五噸（殺鼠用及滅蚤用）

（4）噴霧器一百五十套（噴灑氰酸氣用）

（5）滅蚤用藥（■）五千磅

丁、報告及檢驗

（一）各地如發現敵機擲下物品或發生鼠疫時，當地衛生機關應立電告衛生署軍旅衛生單位電告軍醫署其已有鼠疫發現之地方，應逐日將疫情電告衛生署或軍醫署。

（二）各地衛生防疫單位于得悉敵機擲下物品之報告時，立即搜集之予以檢驗並向直屬機關報告，如無檢驗設備，則會同當地擔任防空人員按「處理敵機擲下物品須知」切實于以處理。

（三）指定下列機關負責檢驗敵機擲下物品：

（1）浙江方岩　　浙江省衛生處衛生試驗所

（2）浙江衢縣　　衛生署醫療防疫隊第四路大隊部

（3）江西泰和　　江西省衛生處省立醫院

（4）江西贛縣　　江西省利衛生試驗所

（5）江西吉安　　江西省立傳染病院

（6）江西弋陽　軍政部戰時衛生人員訓練所第二分所

（7）湖北恩施　湖北省衛生處省立醫院

（8）湖北老河口 軍政部第五防疫大隊

（9）湖北均縣　軍政部戰時衛生人員訓練所第四分所

（10）湖南耒陽　湖南省衛生處中正醫院

（11）湖南長沙　軍政部第九防疫大隊

（12）湖南芷江　衛生署醫療防疫隊地二路大隊部

（13）湖南衡陽　衡陽實驗衛生院

（14）四川重慶　中央衛生實驗院流行病預防實驗所

　　　　　　　重慶市衛生局

　　　　　　　市民醫院

（15）四川北碚　中國預防醫學研究所

（16）四川成都　四川省衛生處省立傳染病院

（17）河南洛陽　河南省衛生處

（18）陝西西安　陝西省衛生處衛生試驗所

　　　　　　　軍政部軍醫學校第一分校

（19）陝西褒城　軍政部戰時衛生人員訓練所第一分所

（20）甘肅蘭州　衛生署西北防疫處

（21）福建永安　福建省衛生處衛生試驗所

（22）廣東曲江　廣東省衛生處衛生試驗所

（23）廣西桂林　廣西省省立衛生試驗所

（24）雲南昆明　衛生署中央防疫處

　　　　　　　雲南全省衛生實驗處衛生試驗所

　　　　　　　軍政部軍醫學校第二分校

（25）貴州貴陽　貴州省衛生處衛生試驗所

（26）貴州安順　軍政部軍醫學校

（27）其他

除前條所指負責檢驗機關外，各地教會、醫院應由地方
衛生行政機關與以切實聯絡，並聘請該醫院外籍醫師協
助所在地敵機擲下物品之檢驗。

各檢驗機關于檢驗敵機擲下物品後，應將檢驗結果向直
屬主管機關呈報，並向重慶新橋戰時防疫聯合辦事處
報告。

戊、研究事項

（一）敵機擲下物品檢驗方法－由戰時防疫聯合辦事處
　　　檢驗指導隊研究妥善，檢驗敵機擲下物品檢驗
　　　方法供各地檢疫機關參考。

（二）治療鼠疫之藥品－新近發明治療鼠疫之各種化學
　　　藥品，自于本年三月起已在浙江衢縣試用，效
　　　果頗佳，由戰時防疫聯合辦事處所請之專家繼
　　　續研究其在鼠疫患者治療上之價值。

（三）鼠疫之預防注射－過去對于鼠疫預防注射係用
　　　三次注射法，第一次 0.5 公撮，第二、三兩次各
　　　1.0 公撮，實施上頗多困難，由衛生署中央防疫
　　　處及西北防疫處研究一次完成之預防注射法。

（四）細菌兵器之運用及其防禦方法－由中央防疫處、
　　　西北防疫處、中央衛生實驗院以及國內各醫學
　　　院及醫事研究機關研究利用人工散播各種病菌
　　　之可能情形，及其有效之防禦辦法。

● 防制敵機散佈鼠疫桿菌實施辦法

防制敵機散佈鼠疫桿菌實施辦法（戰時防疫聯合辦事處擬）

一、請軍事委員會、行政院通令全國各軍政機關飭知敵人有利用細菌兵器之企圖，須嚴密防範。

二、請軍事委員會通令全國防空機關轉飭擔任防空監視哨之軍民等，一致嚴密注意敵機擲下物品，並切實按照「處理敵機擲下物品須知」辦理。

三、由軍政部通令全國各地軍旅防疫機關一致注意防範，並充實防疫及檢驗器材。

四、由衛生署通飭全國各地省市衛生主管機關轉飭所屬一體注意防範，並準備防疫及檢驗器材。

五、由軍醫署、衛生署及中國紅十字會總會救護總隊部積極準備預防及治療鼠疫藥品，並會同向國外函請捐助各種治療及預防鼠疫器材，如氰酸氣噴霧器及 Sulfathiazole 等。

六、由衛生署令飭中央及西北兩防疫處充分準備鼠疫疫苗發售。

七、由衛生署印發預防鼠疫宣傳品。

八、由軍政部、衛生署分別令飭各軍旅、省市衛生機關設法訓練各該地知擔任空防人員，灌輸防疫及消毒常識，俾能于必要時措置裕如。

九、在某地有鼠疫發生時，該省衛生主管人員應立即馳往該地，聯合當地有關各方組織臨時防疫聯合辦事處，務于最短時間予以撲滅。

十、請軍事委員會通令全國對于防疫工作應軍民合作，

戮力同心以赴事功。

十一、如某地發生鼠疫，應由地方負責籌經費，極力防
　　　治，必要時得呈請中央或派員協助防治。

十二、如有鼠疫或疑似鼠疫發生時，應即按照戰時防
　　　疫聯合辦事處所訂之「疫情報告辦法」切實辦
　　　理之。

● **處理敵機擲下物品須知**

處理敵機擲下物品須知（三十一年二月一日修正）

各地擔任防空之軍民人等於發現敵機擲下物品後應注意
下列各項：

（一）所有擲下物品均應認為有沾染毒苗或毒物之可
　　　能，務須避免用手直接接觸，即所用掃除或集
　　　合該項物品之器具用後亦應消毒。

（二）嚴防擲下物品內摻有能傳染鼠疫之跳蚤。

（三）對擲下物品以立刻就地消滅為原則。

（四）當地如有檢驗設備之衛生機關，應通知派員採取
　　　一部分負責檢驗，其餘仍應予以消滅，至檢集該
　　　項物品之人員，尤須特別注意避免跳蚤之叮咬。

（五）對擲下物品之地區，如面積不廣，應先用消毒藥
　　　水充分噴灑，然後將該項物品集合一處用烈火
　　　澈底焚燒之；消毒藥品可用百分之二來沙兒或
　　　千分之一石炭酸，或煤焦油醇，或百分之五漂
　　　白粉溶液，或石灰水（石灰一份、水四份）

（六）如擲下物品甚多，沾汙之地區面積較廣，應儘
　　　量用消毒藥水噴灑整個地區，並斟酌沾汙地區

之情況將擲下物品澈底焚毀之；如消毒藥水不
敷時，所有居民最好暫時離開，緣該地區如經
有猛烈陽光之曝晒達六小時以上後，亦可收消
毒之效。

（七）如擲下物品可供鼠食，更應注意澈底毀滅，若中
摻有已染鼠疫桿菌之病蚤，則鼠類即易傳染，
輾轉波及人類。

三 外交部檔案
日機於浙江省空投鼠疫菌

原案單位：外交部
移轉單位：外交部
典藏單位：國史館

● **國民政府軍事委員會代電**

文號：侍秘渝字第 5170 號

日期：29 年 12 月 13 日

外交部王部長、軍令部徐部長、軍醫署盧署長、衛生署
金署長、中國紅十字會潘秘書長：

據浙江省政府主席黃紹竑歌生電稱：「上月二十八日敵
機空襲金華，二架散佈白烟並有魚子狀顆粒落下，經人
民搜來送檢，由本省衛生處處長陳萬里、軍政部第二防
疫大隊長劉經邦、福建衛生處防疫專員柯主光、本省衛
生處第二科長鄭介安、本省衛生試驗所技正吳昌堂五員
在鏡檢下鑑定其形，業辨係鼠疫桿菌，除繼續由該員等
施行其他生物學試驗外，謹電呈報。」並據第三戰區司
令長官顧祝同虞緘電稱查此次鄞、衢兩縣先後發生鼠
疫，發病迅速並無鼠疫流行病學上預發象徵，如大量死
鼠之發見等，當經調查均在發病前一週由敵機於疫區上
空擲下穀類、小麥，其中混有跳蚤；上月儉日又在金華
擲下顆粒狀黏性物，經搜集大舉檢查證實確係鼠疫桿
菌。顯然敵方施行慘極人寰之細菌戰無疑，除飭所屬加
緊防治外，懇請通電世界各邦主持正義，揭發敵寇滅絕

人性之暴行，並通令全國注意防範各等語；查敵寇此種
行為顯係違背人道，亟應一面設法嚴密預防以免蔓延，
並準備對外宣傳與發動國際主持正義，干涉倭寇步驟，
希即會同切實研究擬具具體方案，呈候核奪為要。

　　　　　　　　　　　　　　　　　　中正亥元侍秘渝

● **奉軍委會代電以據報敵機於浙省上空擲下鼠疫桿菌**
致鄞衢等地發生鼠疫令三會團研究對策呈核電達本
部意見請查照見復由

文號：歐 29 字第 5736 號
日期：29 年 12 月 16 日發
軍令部、軍醫署、衛生署、中國紅十字會勛鑒：
頃奉軍事委員會委員長亥元侍秘渝代電以據報敵機於浙
省上空擲下鼠疫桿菌致鄞、衢等縣發生鼠疫，令設法嚴
密預防以免蔓延，並準備對外宣傳與發動國際主持正
義，干涉敵寇步驟，希即會同切實擬具具體方案，呈候
核奪等因。奉此，查敵方此種暴行顯背人道，自應對外
宣傳設法阻止，惟原報告所敘情形簡略材料不多，似應
呈請軍事委員會令黃主席、顧司令長官飭將當地受害情
形詳細報告，並將敵機擲下顆粒狀各物廣為蒐集送渝，
交由專家用科學等方法加以分析得有結果後再行發表。
除分電軍醫署、衛生署、中國紅十字會、軍令部外，相
應電請查照見復以便辦理為荷。

　　　　　　　　　　　　　　　　　　　　外交部銑

● 准電以奉委座電令會同研究敵機在浙省上空散放鼠疫菌一案開示意見本會贊同電復查照

收文：歐 29 字第 4978 號

日期：29 年 12 月 20 日

准電以奉委座電令會同研究敵機在浙省上空散放鼠疫菌
一案開示意見本會贊同電復督照由

渝總參字第 1958 號

日期：29 年 12 月 19 日（亥皓）

外交部王部長勛鑒：

歐 29 第 5736 號銑代電敬悉，查此案業奉委座電令本會
潘秘書長會辦到會，正湏會同洽辦；大部電開意見本會
極表贊同，惟聞衛生署已飭浙江衛生實驗處進行生物檢
查，矣准電前由特電奉復敬希督照。

中國紅十字會總會亥皓渝總三印

● 關於敵機于浙省上空擲下鼠疫桿菌事

日期：29 年 12 月 25 日

關於敵機于浙省上空擲下鼠疫桿菌事

文號：防字第 10575 號

日期：29 年 12 月 24 日

外交部勛鑒：

本年十二月十六日歐 29 第 5736 號銑代電以奉委員長代
電關于敵機于浙江上空擲下鼠疫桿菌一案，似應將顆粒
狀物加以分析屬查照見復等由敬悉，查本署亦奉到軍事
委員會本年十二月十三日亥元侍秘渝代電，案同前由本
署經于十二月二十日會同軍一署並邀請國聯防疫專家伯

力士博士（Dr. Pollitzer）等舉行緊急會議，經已擬具防制敵機散播鼠疫菌實施方案（技術部份）。除已將所擬方案具電呈軍事委員會外，茲隨電檢送該方案一份，即希督照為荷。

衛生署防亥敬

附一份

防制敵機散播鼠疫菌實施方案（衛生技術部份）

一、調查

根據浙境情報，暴敵似有採用違背人道的細菌兵器之可能，應即由衛生署、軍醫署、中國紅十字會總會、救護總隊部等機關派員會同國聯醫官前往詳查，俟確切證實後即行發表對外宣傳，但同時應積極準備各種防治辦法。

二、製備預防用鼠疫疫苗

（一）衛生署應飭中央及西北兩疫處立即開始製造鼠疫疫苗以供各方面之採用。

（二）衛生、軍醫兩署於可能範圍內備相當數量之疫苗分存各地。

（三）由紅十字會總會向國外大量募集，以補救國內製備力量之不足。

三、製備治療用鼠疫血清

查中央、西北兩防疫處現未製造是項血清，其製造費時，成本亦昂，應著手逐漸出品，由衛生、軍醫兩署分發儲備。紅會方面更應向國外募集，俾早得實用與多量儲備。

四、充實檢驗設備

（一）關于各地方細菌檢驗設備之充實，由衛生署辦理。

（二）關於軍政部各防疫隊細菌檢驗設備之充實，由軍醫署辦理。

五、準備殺鼠滅蚤注射消毒等器材

由衛生署軍醫署及紅十字會總會救護總隊部等機關從速購存下列各種器材。

（一）祇舉辦毒餌殺鼠方法僅適用於未有鼠疫流行之地方，其已經流行之地應用氰酸氣以便同時滅蚤，故碳酸鋇及氰酸氣均應大量購備。

（二）防治鼠疫工作人員應用之防蚤服裝，如特種面罩、手套、長靴等。

（三）其他器材，如消毒用藥注射器等。

六、人員準備

除各省地方主管衛生機關應有專員負責處理應付細菌兵器之各種技術外，衛生署之醫療防疫隊、軍政部之防疫隊及紅會總會救護總隊均應有是項專門人員以便隨時派遣。

七、印發刊物

（一）由衛生署衛生實驗處衛生教育系即編關于鼠疫之通俗刊物分交衛生署軍政署即發。

（二）戰時防疫聯合辦事處已請國聯醫官伯力博士編成「鼠疫防治實施辦法」，應即譯成中文，分文衛生署、軍醫署及紅會總會救護隊印發，以供防疫人員之用。

八、研究工作

（一）由衛生、軍醫兩署指定人員研究細菌兵器之
防制方法並應通力合作以赴事功。

（二）關於防制鼠疫之環境，衛生部分亦應指派人
員從速擬定方案。

（三）由衛生署衛生實驗處化學藥物系注意調查毒
殺鼠滅蚤藥品之原料並研究其製造。

九、制訂章則

（一）防制暴敵散播病原菌辦法。

（二）敵機所散播者經證明為鼠疫菌或蚤類時之緊
急處置辦法。

（三）屬行疫情報告，依照戰時防疫聯合辦事處規
定之各初站於發現鼠疫病人第一例時應即
電告。

十、籌撥經費

（一）衛生署、軍醫署各就防制敵人應用細菌兵器
各種所需經費請撥專款。

（二）各省地方應盡可能酌撥防制細菌兵器各種設
施之經費。

● **敵機在金華投下褸菌**

日期：29 年 12 月 27 日

衛生署快郵代電

文號：防字第 10574 號

日期：29 年 12 月 24 日（亥敬）

外交部勛鑒，頃據浙江省衛生處智電稱：「金華敵機投

下物培養檢查襍菌發育，不能檢得鼠疫桿菌報告；另
詳尚無病人發現」等情。據此，特電奉達，即希查照
為荷。

衛生署防亥敬印

● 浙省疫病事

文號：卅防字第 10648 號

日期：29 年 12 月 26 日（亥宥）

外交部長勛鑒：

衛防亥敬電計達頃據浙江省衛生處陳萬里長馬電稱：
「金華疫未發生，浦江亦無疫。」又梗電稱：「鄞疫早
撲滅；衢疫微日後即無新病人，亦告結束，金華未發
生」等情。據此，特電奉達，即希查照為荷。

衛生署防亥宥印

● 為敵機在浙散放鼠疫桿菌詳情業經本署會同衛生署派員赴浙實地澈查復請查照由

文號：衛（二九）亥渝字第 81881 號

日期：29 年 12 月 27 日（亥感）

重慶外交部王部長勛鑒：

歐（二九）第 5736 號銑代電敬悉，關於敵機在浙散
放鼠疫桿菌詳情及所擲顆粒狀各物是否確為鼠疫桿菌
案，業經本署會同衛生署派員偕同國聯防疫專家於本月
二十二日馳赴浙境實地澈查研究，除澈查結果俟據報再
行奉達外，特先復請查照為荷。

軍政部軍醫署署長盧致德亥感衛渝

● 電知敵機在金華上空施放黃色顆粒經華西大學實驗 檢果報告檢送原文一件復請查照

日期：30 年 2 月 15 日

國民政府軍事委員會軍令部快郵代電

文號：貳信字第 103 號

日期：30 年 2 月 14 日

外交部勛鑒二十九年十二月銑歐 5736 號代電敬悉，查本案經於二十九年十二月馬二信電黃主席、顧長官飭屬辦理去復，旋據浙江全省防空司令宣鐵吾防消虞電節稱：「敵機感儉兩日在金華上空施放黃色顆粒，經檢呈航空委員會請求化驗」等情前來，復由本部密函航空委員會虞二月六日防消辛 345 號函復開：「查本會於上午十一月二十九日起，迭接浙江全省防空司令宣鐵吾先後來電以敵機兩架在該省金衢二縣散佈白色煙霧，事後發現鼠疫故風聲鶴唳，疑敵機所散白霧即係鼠疫黴菌，請鑒核示遵等情；當經電飭將敵機散發煙霧時，天候風向各點及事後發生疫病，經醫檢查之紀錄詳報並設法搜集毒物檢體寄呈，以憑研究」。去後，旋據該司令同年十一月三十日呈復在案，並附來小瓶一內藏魚子形之檢體數粒。據此，當以本會試驗設備不全，未能施以化驗，特送請華西大學醫學院分細菌與化學兩部代為試驗。關於化學部份，因檢體過少不能著手，僅作微菌之試驗，經施以微菌培養法詳細謹慎檢驗，結果除枯草桿菌外敬毫無病原之孳育現象（附抄錄該校原報告一件）是否因檢體採取及寄遞之手續不合細菌培養要求，以致原來病菌失其生活條件，致培養無所檢獲，不敢臆斷。

除令飭浙江全省防空司令部隨時注意，與浙省衛生當局
合作以科學方法儘量蒐集該項檢體寄呈以憑繼續研究
外，並將本案辦理經過呈報委員長蔣核示在案。惟倭寇
殘暴成性，自其軍事失利以來瘋狂轟炸，迄未收效乃不
惜滅絕人性施用細菌，希圖造成我國境內普遍之疫厲而
陷我無辜人民於死亡與恐怖，以逞其獸慾。敵人此種慘
毒行為，自應公諸世界以促起全人類對敵人殘暴獸性之
認識等由。除函請仍將繼續研究之結果函告外，相應先
行檢同華西大學試驗報告原文一件，併電復查照為荷。

軍令部卌二信渝

四　行政院檔案
防治浙江衢縣鼠疫

原案單位：行政院
移轉單位：行政院
典藏單位：國史館

● **據代電陳防治浙江衢縣鼠疫情形指令知照由**

文號：勇陸字 6210 號

日期：30 年 4 月 19 日

令衛生署：

三十年四月十一日卅防字第 5015 號代電陳防治浙江衢
縣鼠疫情形由代電悉，嗣後鼠疫防治情形仍仰隨時具
報，此令。

院長蔣中正

● **續陳衢縣鼠疫及撲滅情形**

文號：卅防字第 6202 號

日期：30 年 4 月 30 日

行政院院長蔣、副院長孔鈞鑒：

本署三十年四月十一日卅防第 5015 號防卯真代電密陳
關於衢縣再度發生鼠疫一案，經奉鈞院本年四月十九日
勇陸字第 6210 號指令在案，謹將自本年四月十一日以
後續獲關于衢縣鼠疫疫情分陳如下：

（一）福建省衛生處處長陸滌寰處長佳（九日）電稱：

「衢縣七日起疫勢似減定，佳（九日）開防疫大

　　　　會舉行全城大掃除、薰蒸工作、封鎖鼠糧、改善
　　　　房屋等積極防疫事項。」

（二）浙江省衛生處陳萬里處長灰（十日）電稱：「本
　　　　處已派防疫隊在衢工作，鈞署第十七醫防隊已到
　　　　達。陸處長灰（十日）回閩，留滅鼠工程員三人
　　　　在衢工作。」

（三）又據陳萬里處長文（十二日）電稱：「省撥衢防
　　　　疫費五萬元決加防疫機構，本處派員會同魯專
　　　　員負責辦理」各等情。

除分別嚴飭加緊防治撲滅外，謹續電陳敬祈鑒察。

　　　　　　　　　　　衛生署長金寶善叩防卯陷印

● **續報衢縣鼠疫最近情形**

文號：卅防字第 9478 號

日期：30 年 6 月 1 日

行政院院長蔣、副院長孔鈞鑒：

本署三十年四月三十日卅防 6202 號防卯陷密代電續報
衢縣鼠疫疫情一案諒邀鈞詧，謹將據戰時防疫聯合辦事
處呈報最近衢縣鼠疫疫情各節，再續電陳如下：

（一）軍政部第四防疫分隊四月十二日電稱：「衢縣
　　　　鼠疫三月五日至三十一日死亡經鏡驗確定者一八
　　　　人，近日死亡大減，疫勢漸平。」

（二）軍政部第二防疫大隊劉隊長經邦五月二十九日字
　　　　衢縣來電稱：「奉派協助防治衢縣鼠疫，經赴上
　　　　饒與第三戰區司令長官部接洽計畫防疫檢驗工
　　　　作，儉（二十八）日抵衢」。又該大隊長六月二

日電稱：「1. 衢縣鼠疫先後發現三例，均死亡。自五月十七日後，迄未續發。2. 此間改善防疫機構省會組織臨時防疫處有魯行政專員兼任處長，浙江省衛生處處長陳萬里兼副處長，正積極籌備進行中。3. 軍政部第四防疫分隊自四月一日起開始滅鼠工程，已完成七百戶。本大隊大二支隊全部調衢擔任預防注射消毒等工作。」

（三）軍政部第四防疫分隊六月二十一日電稱：「衢縣十八日發現肺鼠疫一例，十九日又發生一例，已局部封鎖，各項防治辦法同時進行。」

（四）軍政部第二防疫大隊劉大隊長經邦六月十八日電稱：「六月十五日與衛生署醫療防疫隊第四大隊周大隊長振及第三戰區衛生處楊處長濟民會商防治事宜。今晨發現肺鼠疫一例，業經伯力士博士（本署外籍專員 Dr. Pollitzer，現派在衢縣協助防治鼠疫工作）檢驗證實，現已會商緊急處理辦法。」

此外，關于江西上饒方面，最近亦發生鼠疫，據本署醫療防疫隊第四大隊周大隊長振六月十二日自上饒來電稱：「上饒文（十二日）死鼠疫一例，各種塗片經振親驗兩極染色桿菌甚多」，並據戰時防疫聯合辦事處轉據第三兵站總監部衛生處巳馬健電稱：「上饒中心衛生院巳虞（七日）發現鼠疫第一病例，文（十二）日死亡，經該院鑑定確實，又上饒楊家湖發現二人已死亡，以上三人均自衢縣遷眾」等情，除已電飭伯力士專員及周振大隊長等加緊協助防疫，迅予撲滅，並電浙贛各省衛生

主管機關切實注意防治防堵外，復查年來各地時告發生
鼠疫防治人員至感缺乏。本署鑑于事實上之需要，特擬
就浙、閩、贛三省防治鼠疫人員調訓見習暫行辦法，成
立鼠疫防治實施見習班則由周大隊長振主持，其事由伯
力士專員協同指導工作。此項見習班設置之目的，一方
面為加強衢縣防疫人員力量，一方面為便各隊員由工作
中獲得學習機會及實地經驗兼能增加防治鼠疫技術人員
之數量。茲已將此項辦法發交浙、閩、贛三省衛生處飭
即派員前往衢縣參加見習，並發電粵桂湘各省衛生處即
斟酌情形于必要時亦可派員參加各在案。謹隨電呈浙、
閩、贛三省防治鼠疫人員調訓見習暫行辦法一份，敬祈
鑒察為禱。

　　　　　　　　衛生署署長金寶善叩防巳東印

附一件

浙閩贛三省防治鼠疫人員調訓見習暫行辦法

（1）本辦法以調訓浙、閩、贛三省（以下簡稱三省）
　　　之與防疫有關人員馳往鼠疫流行區域參加實地工
　　　作。見習防治鼠疫方法為目的，定名為鼠疫防治
　　　實地見習班（但必要時，閩、浙、贛以外各省亦
　　　得派員前往見習）。

（2）調訓之人數按各地情形之需要，由各省衛生處酌
　　　派，暫時規定每省二人至三人。

（3）見習時間暫定三個月，必要時得臨時延長或補短。

（4）見習地點暫定為浙江衢縣，如有其他地方鼠疫發
　　　現時，得視臨時需要情形，隨同主要防治人員遷
　　　往見習。

（5）技能方面以能預防治療及環境衛生之改良，並能
　　　應行急變，指導疫區民眾共同防治為原則。

（6）見習科目：
　　　（甲）防鼠工程
　　　（乙）滅鼠滅蚤方法
　　　（丙）鼠疫之細菌學的及生物學的檢驗技術
　　　（丁）治療概要
　　　（戊）隔離檢疫大綱

（7）見習人員來往旅費以及在見習時內之薪金暨膳宿
　　　雜費等等，概由原保送機關擔任發給。見習時，
　　　因協助地方實施防治所需之旅運雜費，由本署防
　　　疫專款補助之。

（8）見習人員應儘先選送優秀份子，俾結業後能作師
　　　資訓練其他人員。

（9）見習人員再見習期間應將每日工作按日記錄，結
　　　業時彙集成冊以作異日參考並報告原送機關。

（10）見習班設主任一人負責通籌建習班課程及各有關
　　　　事項，暫由本屬醫療防疫大隊長兼任之。

（11）訓練之教師必要時得臨時聘請各地衛生處于防
　　　　治鼠疫經驗豐富者參加指導。

（12）見習班所需要之器材購置及雜支由衛生署籌撥五
　　　　千元，不敷之數由地方防疫經費項下開支，其預
　　　　算數目另訂之。

（13）本辦法如有未盡事項得臨時修改。

（14）本辦法自公布之日施行。

● **擬具防治衢縣鼠疫實施辦法，請備案由**

日期：30 年 6 月 13 日

重慶行政院院長蔣鈞鑒：

查本府以衢縣地處衝要，此次發現鼠疫區域又復零星散漫，為統一事權俾防疫工作推展順利起見，經擬具防治衢縣鼠疫實施辦法，提由本府委員會第 1201 次會議決議通過，除分電飭遵外，理合抄同實施辦法電祈鑒核備案。

職黃紹竑叩地清馬印

附實施辦法一份

防治衢縣鼠疫實施辦法

一、浙江省政府以衢縣地處衝要，此次發現鼠疫區域又復零星散漫，為切實防治起見，除法令已有規定須嚴厲執行外，責成各有關行政及衛生機關以最大努力處理防治，特訂定本辦法。

二、設置衢縣臨時防疫處（以下簡稱防疫處），置處長、副處長各一人，由浙江省政府指定第五區行政督察專員為處長，浙江省衛生處高級職員一人為副處長。其組織及辦事細則由處長副處長斟酌實際情形擬訂呈請省政府核備。

三、防疫處為謀防疫工作推展便利起見，對於駐衢中央及省縣各機關均有指揮之權。

四、凡以成立之臨時防疫組織應俟防防疫處成立後一律改組或裁撤，所有應行改組之防疫機構其組織辦法由防疫處另訂之。

五、所需防疫工作人員除就省衛生處當地各派機關公、

　　私立醫院診所以及中央派駐衢縣醫療防疫隊所調用

　　外，並得由防疫處依照組織規程任用之。

六、本辦法所需防治經費由省庫交給之。

七、本辦法經浙江省政府委員會通過並呈請行政院備案。

● **行政院簽呈**

日期：30 年 6 月 16 日

查浙江衢縣鼠疫蔓延，旋據衛生署呈報業與軍政部駐浙
江防疫隊協助浙省防治在案。茲據浙江省政府呈擬防治
衢縣鼠疫實施辦法到院，該辦法要點為設置衢縣臨時防
疫處，統籌辦理，對於駐衢中央機關有指揮之權係為統
一事權俾防疫工作推展順利似尚可行。擬指令准予備案
並令知衛生署及軍政部，當否。請示交衛生署核交。

六月十六

● **奉交核議浙省擬具防治衢縣鼠疫實施辦法復請譽照**
　　轉陳由

文號：卅防字第 9562 號

日期：30 年 7 月 8 日

案准貴處三十年六月二十五日忠字第 14559 號通知，以
浙江省政府代電為擬具防治衢縣鼠疫實施辦法請鑒核備
案一案，奉諭交「衛生署核復等因。」抄附原代電及辦
法各一件到署。遵查浙江省政府所擬之防治衢縣鼠疫實
施辦法，經核定大致均可，惟該辦法第三項擬予刪去。
查駐衢縣中央及省縣之防疫機關甚多，所屬行政系統不
一，工作性質各異，自難統一交由衢縣臨時防疫處指

揮，因中央所設之衛生醫療防疫隊及軍政部防疫大隊等
均係具有流動性之組織，于所負責之某幾省份或某一戰
區內，應視何處有疫癘流行時或地方上防疫機構較單薄
者，立即隨時調遣前往協助防疫工作。如每縣均有「防
疫處之設置，而每處又有直接指揮中央防疫隊之權，則
將來必有顧此失彼，調動不易等流弊。故衢縣臨時政府
防疫處對于省派防疫機構，似可由省給予指揮之權，其
由中央派往省在工作，自須儘力聯絡合作，惟不便給予
指揮。以上所擬意見是否有當，相應函復至希詧照轉陳
為荷。此致行政院秘書處。

署長金寶善

● 國民政府軍事委員會代電

文號：侍秘川字第 8144 號

日期：30 年 7 月 10 日

行政院孔副院長勛鑒：

據顧司令長官祝同電稱：「衢縣自本年二月鼠疫復發後
疫驅散播，城廂日有死亡。五月十三日起發縣肺鼠疫五
例，據伯力顧問檢查死鼠證明疫鼠甚多。最近江山、上
饒兩地亦先後發生腺鼠疫三例，除已由本部衛生處率同
防疫隊前往偕同當地衛生機關實施緊急處置外，查該縣
防疫經費雖由浙省撥款五萬元，因設置臨時防疫處籌組
隔離院、留驗所、檢疫站等，該款行將告罄而省庫支絀
不能續發，特懇賜發防疫經費貳十萬元，俾資應用等
語」。查鼠疫蔓延迅速，該地居浙幹交通要道，亟應從
速設法防止以免疫區擴大，影響軍事政治之進行，所請

由中央撥發防疫經費二十萬一節應准照辦，即請迅予匯撥，俾應急需為要。

中正午蒸侍秘川

● **令撥第三戰區司令長官部衢府等地防疫經費國幣二十萬元由／已飭財政部撥發第三長官部衢府等地防疫經費國幣二十萬元令飭知照由**

文號：勇伍字第 11261 號

日期：30 年 7 月 19 日

緊急命令

令財政部：

奉蔣委員長本月侍秘川字第8144 號蒸代電開：「據顧司令長官祝同有電稱：（云云照錄之）俾應急需」等因，自應照辦，除分別電令顧司令長官暨衛生署並電復外，合亟適用公庫法第十三條之規定並依照國防最高委員會第十七次常務會議關於頒發緊急命令之決議令，仰飭庫即行匯撥國幣二十萬元交第三戰區司令長官部撥發應用，此令。

電上饒司令長官：

密奉蔣委員長代電轉飭撥發衢縣等第防疫經費廿萬元，經令財政部照數匯撥貴司令部轉發應用，轉電查照。

行政院皓五印

代電

蔣委員長賜鑒：本月侍秘川字第 8144 號蒸代電敬悉，衢縣等地防疫經費已以緊急命令飭財政部即行匯撥國幣二十萬元交第三戰區司令長官部轉發應用，並已分別電

令顧司令長官暨衛生署，特電復請鑒察。

祥叩皓院五印

訓令

令衛生署：

奉蔣委員長本月侍秘川字第 8144 皓悉代電開：「據
顧司令長官祝同有電稱：（云云照錄之）俾應急需等
因。」自應照辦，除以緊急命令飭財政部即行匯撥國幣
二十萬元交第三戰區司令長官部轉發應用暨電顧司令長
官並電復外，合行令仰知照，此令。

● **行政院秘書處箋函**

文號：勇陸字 11824 號

日期：30 年 7 月 31 日

貴省政府三十年五月地清馬代電為擬具防治衢縣鼠疫實
施辦法請備案，署三十年七月八日卅防字第 9582 號公
函為核復浙省防治衢縣鼠疫實施辦法擬議意見一案，經
本院交具衛生署擬議意見，經轉陳奉諭：「准為該署所
擬意見辦理等因。」除函達浙江省政府外，相應抄同衛
生署議復原函函達查照。此致浙江省政府、衛生署。

行政院代理秘書長蔣

● **第三戰區防疫經費貳拾萬元已函中央銀行撥匯呈復
鑒核**

文號：3212 號

日期：30 年 8 月 3 日

案奉鈞院三十年七月十九日急字第 394 號緊急命令飭撥

第三戰區防疫經費貳拾萬元等因自應遵辦，除已函中央
銀行照撥匯交第三戰區顧司令長官具領轉發外，理合備
文呈復鑒核。謹呈行政院。

財政部部長孔祥熙

● **抄呈衢縣防治署議工作進度一件請鑒察由**

文號：卅防字 10527 號

日期：30 年 8 月 15 日

行政院院長蔣、副院長孔鈞鑒：

查本署于本年四月十一日以卅防 5015 號防卯真代電，
又同三十日以卅防 6202 號防卯陷代電及七月一日以卅
防 9478 號防巳東代電連續呈報鈞院，關于衢縣再度發
生鼠疫疫情各在案。茲據浙江省衛生處處長陳萬里本年
七月五日衛三松字第 371 號呈稱：「案查衢縣第二次流
行鼠疫，本處為謀健全防疫機構，增強防治工作效率，
並期迅速撲滅疫勢起見，經擬訂防治衢縣鼠疫實施辦法
呈奉浙江省政府核准施行並呈報在案。本處長於五月
二十八日、六月十八日先後兩次到縣督導防治，所有自
六月上旬起以至同月下旬為止，是項防治工作進度茲為
彙列報告備文呈送仰祈鑒核備查」等情。謹隨電抄呈浙
江省衛生處處長陳萬里所呈防治衢縣鼠疫工作進度一
件，敬祈鑒察。

衛生署署長金寶善叩防未刪印

防治衢縣鼠疫工作進度

一、計已進行者

　　（一）臨時防疫處成立。

　　（二）全城分二十區依次推進滅鼠工程，即由軍政
　　　　　部第四防疫分隊，每日分五組出發封閉鼠穴
　　　　　以及拆除天花板、地板等工作。

　　（三）由軍政部第二防疫支隊擔任全城挨戶普遍預
　　　　　防注射工作。

　　（四）隔離醫院已經開始收容患者由縣衛生院院長
　　　　　兼任院長，並由紅會醫療隊副隊長駐院診治
　　　　　及為新藥（Sulfathiazole）治療之實驗。

　　（五）留驗所業已改善組織，另遷地址亦已開始
　　　　　收容。

　　（六）依照行政區域八個聯保分派醫護人員逐日訪
　　　　　問，各戶以朝發見早期病人，即由本省臨時
　　　　　第二防疫隊隊員擔任。

　　（七）檢驗患者及類似患者並於檢驗鼠類由伯力士
　　　　　專員主持，本省臨時第二防疫隊派員協助。

　　（八）訓練當地學生擔任銜頭，化裝表演，由本省
　　　　　臨時第二防疫隊主持。

　　（九）各部分統計數字由本省臨時第二防疫隊主辦。

　　（十）延聘當地人士及各區領袖組織防疫會議。

　（十一）發生肺鼠疫區域與以封鎖。

二、正在進行者

　　（一）嚴密疫情報告正在設法改善。

　　（二）新建房屋之防鼠設備以及保護食物方法正在

擬訂辦法中。

（三）全城清潔事宜正在商訂辦法。

（四）斷絕鐵路交通及設立檢疫站事正在審議中。

顧祝同來電

發電日：30 年 8 月 22 日

渝行政院鈞鑒：

皓五電奉悉，密由財政部交中央銀行匯來衢縣等地防疫
經費廿萬元遵經領發，除填具印據交中央銀行轉送並分
電呈財政部外，謹復。

顧祝同養印

● 續陳浙省衢縣鼠疫請鑒察

文號：卅防字 15468 號

日期：30 年 11 月 5 日

行政院院長蔣、副院長孔鈞鑒：

查關于浙江衢縣發生鼠疫一案截至本年六月止，所有疫
情經過業經于本年七月一日以卅防 9478 號防午東代電
續報鈞院鑒察在案。謹將自本月七日以後所獲有關各方
面所報疫情各節，摘要電陳如下：

（一）本署醫療防疫隊第四隊大隊長周振七月十二電：

「六月份鼠疫經檢驗證實者，病人四例，屍體七
例共十一例，內肺鼠疫三例，死鼠證實為疫鼠者
二十四隻。七月上旬檢驗無陽性病例，死鼠證實
為疫鼠者三隻，疫勢消滅。」

（二）軍政部第四防疫分隊七月十一日電：「本月上旬

發現疑似鼠疫，一人已死，疫鼠未發現。拆地板
天花板及氰化鈣滅鼠等工作已完成一四七四戶，
約佔衢縣五分之一，現仍在積極進行中。」

（三）本署醫療防疫隊第一防疫醫院電稱：「職院七月
十四日遷衢。」

（四）本署醫療防疫隊第四隊大隊長周振八月二十一日
電：「七月份無證實病例與屍體，疫鼠二十隻。
八月一日至十八日無病例，證實屍體七例，疫鼠
十一隻。又九月一日電：「八月份衢縣鼠疫無
新病例發現，屍體檢驗陽性者一例，死鼠檢驗
一八七隻，內疫鼠十六隻，活鼠八五隻均陰性，
印度蚤指數一點一。本月份訓練完畢者有第一
防疫醫院醫防十六隊工作人員及保甲長及憲兵
等。」及九月十二日電：「衢縣鼠疫七月起，
無病例發現，惟疫蚤日增，城區挨戶注射自微
（五）日起齊行。」再該大隊長十月一日電：
「九月衢縣無鼠疫病例，死鼠三六九隻內疫鼠
二十隻，活鼠一五九隻內均無疫鼠，印度蚤指數
二點一。自十月起在衢各隊院男醫助員均補調衛
生工程隊，先做滅蚤滅鼠工作，醫護員作家庭訪
視，推進宣傳及調查環境衛生」等情。

此外，並據報浙江義烏亦發生鼠疫，其疫情如下：

（一）浙江省衛生處十月九日電：「義烏發現死鼠及
嫌疑患者正檢驗中。」又十月十二日電：「義烏
鼠疫確定已死七人，病四人，現正設法防治。」

（二）軍政部第四防疫分隊十月十一日電：「義烏北街

門牌六號及其對門六九號發現腺鼠疫，業經本隊
檢驗證實已死四人，病兩人，死鼠■■■■病人
及其家屬已分別隔離留驗。第一病例二日發病，
六日死亡，其家屬將屍體用被包裹送諸暨。」

（三）本署醫療防疫隊第四路大隊長周振十月十三日
電：「義烏鼠疫迄元（十三日）已死六人，死鼠
續發現。十三日晚，本署醫療防疫隊工程隊隊
長過基同偕醫防十六隊工作人員啟程前去，詳
情續呈。」

（四）浙江衛生處長陳萬里十月十六日電：「職本日抵
義烏派柯主光技正在該縣主持。」

（五）本署醫療防疫隊第四路大隊長周振十月二十日
電：「義烏鼠疫迄十六日，死十二人。本署專員
伯力士博士已于十八日赴義烏指導一切。」

（六）軍政部第四防疫分隊十月十五日電：「義烏鼠疫
及疫鼠已證實死十二人，發現死鼠五十二隻。十
月二十四日封鎖疫區內有民眾約三百人等」各等
情，除分電各有關機關暨令飭本署在浙辦理防疫
人員通力協助防治撲滅，並加發大批鼠疫疫苗
及血清及化學應用藥品 Sulfathiazole 等外，謹續
電陳敬祈鑒察。

　　　　　　衛生署署長金寶善叩防戌微印

● 行政院稿

文號：勇陸 17997 號

日期：30 年 11 月 14 號

衛生署本年十一月五日卅防第 15468 號代電悉，查鼠疫蔓延甚速，現浙省衢縣鼠疫已延至義烏，應由該署轉飭加緊防治勿任再行蔓延，並將辦理情形隨時具報為要。

行政院寒六印

● 續陳義烏及金華兩地鼠疫情形

文號：卅防字第 10036 號

日期：30 年 11 月 15 日

行政院院長蔣、副院長孔鈞鑒：

查本署于本年十一月五日以卅防 15468 號防戌微代電呈報浙江衢縣、義烏兩地鼠疫疫情及防治經過一案計邀鈞鑒，謹再就各方所獲義烏及金華兩地鼠疫疫情續陳如下：

（一）本署醫療防疫隊總隊部十月二十五日電稱：「頃據本部第十六隊電報義烏鼠疫卅前死十二人，正極力撲滅中。」

（二）浙江省衛生處處長陳萬里十月二十三日衛六三方字第 1894 號酉 9923 禮方代電稱：「查義烏發生鼠疫後，處長為求明瞭疫區實際情形並其策動義烏附近各縣共同防範起見，當經於十月十五日率同本處科長王毓榛、技正方植民、技佐魏月仙、本處省會衛生事務所主任醫師陳世昌等出發至義烏、金華、蘭谿、浦江等縣視察，並

指導一切防治工作及在金華、蘭谿兩縣各開防制
鼠疫衛生展覽會，歷時七日，於同月二十日返
省。」所有各該縣視察及指導經過情形，茲扼
要報告如次：

（1）義烏疫區為該縣城區北門街一帶稠城鎮第
　　　十三保，全保人口計有二五九人。據衛生
　　　院調查所得，最初發展之鼠疫病人為北街第
　　　六號居民，名為酈寇明，男性，年齡二十四
　　　歲，浙贛鐵路義烏站賣票員，於十月二日發
　　　病，六日死達，人數截至十五日止計有十一
　　　人。十六、十七日均無新病人發現，惟死鼠
　　　經檢驗陽性者仍陸續有發見。全保人數除已
　　　死亡十一人並留驗者五人外，餘於該縣舉行
　　　隔絕疫區交通以前遷避在外，已嚴飭該縣府
　　　責成保長務須將遷避在外之人數詳細調查登
　　　記並飭於十七日晚舉行全城戶口密查，期能
　　　發覺一有疫區居民遷徙而來者即予追回留
　　　驗。一面並將原有隔絕交通之區域向外擴
　　　大，重行劃定區域，隔絕交通已示嚴密。滅
　　　鼠工程分三組於十七日起從新劃定區域，自
　　　外向疫區進行工作，預防注射亦已普遍實
　　　施，並派員指導中學生擔任宣傳工作，處長
　　　到縣後出席該縣防疫委員會會議一次，指示
　　　如何健全機構、如何聯繫工作，以為當前關
　　　于防疫上之必要措施等等，並曾召集全城保
　　　長談話。現在該縣擔任防疫技術上工作之單

位，除本處由技正柯主光率領之臨時第二防
疫隊一部份人員暨該縣衛生院人員外，尚有
鈞署第四醫療防疫大隊過工程師基同，第
十六醫療防疫隊人員，軍政部第四防疫分隊
人員等。

（2）在金華參加第四區專員公署召集之防疫會議
一次，召集城區醫師談話一次，並向城區保
甲長暨三民主義青年團服務隊人員談話各一
次，指示該縣應迅即籌款設置隔離病舍及留
驗所。所有人員編制暨設備標準均已由處訂
定交縣遵辦，不日即可設置完成。該縣二十
日舉行全城清潔檢查並指導該縣須有醫師參
加工作，期能一發現鼠疫之疑似病人，即予
隔離及施行其他必要之工作。又指定該縣
福音醫院派檢驗員一人至義烏見習鼠疫之檢
驗工作，極短期間內見習完畢回縣，再另由
本處派檢驗員一人幫同檢驗城區所有收集之
死鼠。萬一如有染疫之鼠可獲早期發現，並
及早開展防治工作，以杜蔓延也。如宣傳工
作，本處曾假該縣縣政府於十七、十八兩日
舉行衛生展覽會，參觀者數千人。

（3）十九日在蘭谿由該縣縣長召開該縣放疫委員
會會議並邀集當地醫師談話，處長出席指導
一切，諸如籌集防疫經會、設置隔離病舍、
留驗所，舉行全城清潔運動，收買死鼠，檢
驗鼠類健全防疫機構等工作，均有決議短期

內即可實施。當日，本處衛生展覽會即在該
縣舉行，民眾極為注意，一日間參觀者即有
二十人。

(4) 浦江於十八日由該縣縣長召開全縣防疫會
議，本處方技正出席指導，確籌防經費籌設
隔離病舍及留驗所，組織疫情報告網推動環
境衛生，據點宣傳工作，派醫隨時盼查病例
等諸類工作。該縣各界深感鼠疫之嚴重性，
均當表接受短期內務可一一實施併祈鑒核。

(三) 十一月八日據本署醫療防疫隊總隊部呈閱，醫療
防疫隊第十六隊查稱：「義烏六日發現鼠疫。」

(四) 浙江省衛生處處長陳萬里十一月六日電稱：「義
烏疫情截至微（五日）止，疫死十八人，治癒三
人，金華、方岩均已進行死鼠檢驗。本省保安處
電敵由滬運疫菌至杭有轉運浙東散放企圖。」

(五) 十一月十日據本署醫療防疫總隊部轉報：「醫
防第十六隊調義烏工作，於十月十四日到達。」

(六) 浙江省衛生處陳處長萬里十一月八日電稱：「據
報金華發現疫鼠，已派柯技正商洽防範」各
等情。

除分別嚴飭浙江省衛生處及本署醫療防疫隊切實與軍政
部防疫大隊合作，竭力防堵撲滅並續發大量防治器材
外，謹電呈敬祈鑒察。

衛生署署長金寶善防戌刪印

● 續陳義烏鼠疫情形請撥發十六萬元應用

文號：卅防字 16792 號

日期：30 年 11 月 26 日

行政院院長蔣、副院長孔鈞鑒：

頃奉鈞院三十年十一月十九日勇陸字第 17997 號寒六代電以浙江衢縣鼠疫已延至義烏，應飭轉知加緊防治並將辦理情形隨時具報等因。奉此，查關于本署防治義烏鼠疫情形截至本年十一月十五日以前所獲疫情各節，業經于本年十一月十五日以卅防字第 16036 號防戌刪代電密報鈞院在案，謹將所獲各方疫情續陳如次：

（一）據本署醫療防疫隊總隊部本年十一月十五日渝二字第 1088 號轉呈第十六隊隊長林伯璋十月二十日報告稱：「本隊于十四日到達義烏，十五日開始工作。據查本月二日先有火車站職員鄭寇明突感急性疾病，六日即死。復查五日靠近火車站北門一帶之六十九號、四十四號等住戶共計患者十人均告死亡。十一月經伯力士（本署外籍專員派往浙江協助防疫工作）將檢驗物檢查結果確斷為鼠疫。十三日離十五里許之鄉村死一人，十三日北門附近又死一人，至今未有續發。惟死鼠常有發現且有擴大疫區之勢，經檢驗結果多數均係疫鼠，該縣已于十二日成立一防疫委員會，係縣長親自主持且將北門一帶嚴密封鎖。本隊及過工程師到達後即積極預防注射及滅鼠滅蚤等工作，省方並派柯主光來義，浙江省衛生處陳處長亦于十六日抵義視察，軍政部亦派員在此協助伯力士

于十八日亦已到達。此間工作，本隊工作迄今二十日為止，經注射者已有一千六百人」等情；復據該總隊同日渝二字第 1110 號代電轉據第四路大隊部過工程師基同十月二十日電稱：「最近義烏鼠疫在九月底發現死鼠首例，病人在十月八日發現至二十止，共死十一人。二十四日續發現五例內敗血型一例、腺疫一例，疑似三例死，四例一例病危。疫區現已封鎖並組隊在疫區內折毀天柵、地板，毀滅鼠巢，並于二十四日已開始用氰化鈣滅鼠，分為十區，預計二十天完畢。全城實行大掃除及清潔檢查、預防注射火車已未在義烏靠站等情。」

（二）據戰時防疫聯合辦事處呈閱軍政部第四防疫分隊十一月二日電稱：「義烏鼠疫十月二十四日死二人，二十八日死一人，檢驗均陽性，七月車站發現疫鼠一頭等語入。據伯力士專員報告節至十月二十四傳染共達二十二人均嚴重。」以上疫情已由戰時防疫聯合辦事處通報各有關機關注意防範，除另由本署加發大量防治器材並轉飭加緊防治勿任蔓延，及將辦理情形隨時報署再行轉陳外，謹電鈞鑒。

衛生署署長金寶善叩防戌寢印

簽呈

製造鼠疫苗所需價運各費，准先將卅年度防疫專款支配餘額撥用，該項餘額舊有若干應即查明報核。惟該項鼠疫苗將來係免費發用亦係取價發用，若係取價發用則價

運各費將來仍可收回，收回後自應繳解國庫。為此，應由防疫專款下撥用之款係供暫時周轉之用，與消耗性質之支出不同。而周轉基金之設定處理又與普通基金有異，與其由衛生署撥款向中央、西北兩防疫處訂製鼠疫苗存儲重慶、貴陽兩處，以備衛生機關價領應用，仍為先實兩防疫處周轉資金，飭其增加產量以備衛生機關購用。另據衛生署呈請曾撥中央、西北兩防疫處營業資金各六十萬元以供周轉之用（另有簽請附後）似可與本案併付財政部、衛生署會同審查。

倘撥付製造鼠疫苗之價運費，純屬普通支出（即免費發用）則所請在卅一年度防疫專款內支用部份，自應由衛生署於卅一年度預算成立後，統籌分配呈核，為此項專款核定預算數較小，則訂製鼠疫苗隻數量勢須酌減，且委產並有不必大量製造以免產耗之指示，原擬製造五萬瓶自未能預為確定。（散一年度防疫專款，衛生署請列三百萬元，財專會擬仍照卅年度預算列五十六萬元）。

又與本年度防疫專款有關之案，尚有貴陽公共衛生幹部人員訓練所經費（思 26960）、衛生實驗院貴陽部份遷移費及重慶部份遷移概算案（忠 26963）防疫專款及花柳病防治所追減概算案（忠 28382）、義烏發生鼠疫請飭撥防疫專款餘額案（忠 31619）均亟待解決，擬並付審查以請懸案，當否，請核示。

再據衛生署另文（忠 31925）呈報防疫專款預算及已支待付各款數目表，已支待付共為五二七、六八四元二角九分，尚餘三二三、一五元七角一分未分配，除訂購器材附有數量表外，其餘各項均無附表或說明，為請將派

員迎接美國抗瘧團所需旅費及我方參與人員在工作開始
為之生活費（參考忠 25556、33375）為數約若干，是
否包括在旅費已支及待付數內亦無說明，擬並予查詢。

　　　　　　　　　　　　　　　　　　　　羅理謹簽
　　　　　　　　　　　　　　卅、十二、廿二

行政院會計簽呈用紙

收文忠字第 32264 號

查中央、西北兩防疫處自廿九年改用營業會計以後，茲
未撥給資本或流動資金其購運材料與一切製造費用，概
由其營業收入項下自行籌付週轉。前准主計處緘送會同
請查該兩處歷年收支情形報告，應以其流動資金不敷支
付能力為欠充員。茲據衛生署轉呈該兩處歷廿八、九兩
年及本年八月底止財務概數，請予各撥營業資金六十萬
元前來，經查其本年資產負債概況資產方面除固定資產
以外，均以應收帳款及預付費用佔其大部且皆應收軍醫
署之帳款居辦。負債方面經中央防疫處列有預收款項，
所稱製成品因運送各地與種種手續問題必經相當時日，
方能收到貨款，正感資金短缺尚屬實情。以現時物價之
激增，倘欲其所製為種痘苗，疫苗血清源之供應，似有
撥給營運資金之需要，是否可行為各撥數類，擬提請院
會核定。

　　　　　　　　　　　　　　　　　　　　余壯東謹簽
　　　　　　　　　　　　　　　　十二、六

會簽

本年度即將終了，所請增撥兩處資金，似可飭將卅一年
度營業概算呈核再議，擬併同衛生署請撥用防疫專款製

造鼠疫苗得校對審查。

理
十一、十五

● 轉呈中央西北防疫處歷年財務概況請鑒核准個撥發營業資金六十萬元由

文號：卅總 17217 號

日期：30 年 12 月 2 日

案據中央防疫處處長湯飛凡、西北防疫處處長楊永年會簽呈稱：「查本處等呈辦生物學製品製造各種疫苗、血清痘苗為供應前後方軍民預防傳染疫症與醫療疾病之用。雖奉令按照公營事業制度處理，詎迄未奉撥資本或流動資金、所有事業部份員工薪資生活補助費、米貼以及購運材料與一切製造用費概由營業收入項下自行籌付。數年以來慘澹經營，粗具規模更鑒於是項生物學製品事業對於抗戰力量關係至為重要，爰不避艱難，集中人力、物力並挪資金盡力趕製大量痘苗、疫苗血清，以應鈞署與所屬衛生機關及軍醫署為軍民實施防疫與醫療之需。抗戰四年以來，前方部隊與後方各地絕少疫症發現於斯，足證防疫工作已具有相當成效。顧以邇來物價步漲，流動資金所需籌碼激增，從前有十萬元可以週轉者，今則非百萬元不能應付兼之。此後防疫工作將普遍推展，所需疫苗、痘苗之數量益鉅，設備方面尚須擴充。製造原料與器材為國產所無，必須向國外採購者。按現時交通情形暨國際局勢，尤應預為大量購儲以免匱乏。而本兩處，一在昆明、一在蘭州，製成之品因運送

各地與種種手續等問題必經相當時日方能收得貨款。職是之故，需款甚鉅，本處等現俱感資金短缺，周轉困難。前奉行政院會同主計處審計部派員蒞處清查時，各委員亦認為必須增撥資金方克有濟上述情形，早蒙亮督為擬，懇請俯賜轉請撥給本兩處營業資金各陸拾萬元，俾事業得以順利擴充，防疫製品得以源源供應，理合繕具財務概況會同呈請鑒核，准予轉請照撥，實為公便等情。」經核確屬需要，理合檢同各該處財務概況備文轉呈仰祈鑒核親遵。謹呈行政院。

附呈中央、西北防疫處歷年財務概況各一份

衛生署長金寶善

中央防疫處歷年財務概況

（甲）收支概況

（一）二十八年度

（本年度經費收支係按公有事業之會計事務處理）

收支概況	預算數	決算數	追加數	說明
事業收入	148,716.00	148,716.00	82,820.07	本年度事業收入超收數奉令按實際收入追加尚未核定
事業支出	148,716.00	148,699.78	71,971.54	本年度擴充製造實奉令按實支數追加由本年度超收項下墊支尚未核定

（二）二十九年度（本年度起奉令按營業會計處理）

損益概算	金額	說明
營業收入	439,613.45	
營業支出	381,213.45	本年度起奉令開始營業會計當時會計事務無人主持致傳票帳目未齊尚難上列營業支出係估計數
盈餘	58,400.00	係估計數

（三）三十年度（截至三十年八月三十一日止）

損益概算	金額	說明
營業收入	591,793.03	
營業支出	457,585.07	

（乙）資產負債概況（截至三十年八月三十一日止）

（一）資產

科目	金額	說明
固定資產	363,425.41	由二十八年度轉入之資本支出 327,425.41 元（經清查有案）及二十九年度由盈餘撥入之增資支出 36,000 元合計如上數
現金	214,865.88	
應收帳款	590,650.23	三十年度計 525,684.21 元部份為軍醫署帳款以前年度計 64,966.02 元合計如上數
預付款項	261,466.00	大部為訂購材料費並包括代墊款備用金及各項購支
合計	1,430,407.52	

（二）負債

科目	金額	說明
固定負債	363,425.41	由二十八年度轉入支政府資本 327,425.41 元（經清查有案）及二十九年度由盈餘撥款入之增資支出 36,000 元合計如上數
營業週轉金	172,471.95	由二十八年度轉入之應收帳款材料及製品盤存等共計 100,367.28 元及歷年事業費抄之 72,104.77 元合計如上數（經清查有案）
應付款項	130,475.05	由二十八年度轉入之應付未付款 17,336.18 元二十八年度擴充製造費 71,971.54 元及二十八年度奉准之建築設備費餘額 41,167.33 元合計如上數（經清查有案）

科目	金額	說明
短期政府墊款	34,137.03	係歷年事業費及經常費結餘應解繳國庫款（經清查有案）
其他短期借款	220,000.00	由軍醫署借款 120,000 元衛生署借款 100,000 元合計如上數
預收款項	351,131.06	係預收貸款
保管款	1,159.00	經清查有案
存入保證金	1,000.00	經清查有案
上年度盈餘	22,400.00	由上年度估計數除撥固增資支出 36,000 元外尚餘如上數
本年度未結盈餘	134,208.03	
合計	1,430,407.52	

（丙）歷年概算數

年度	概算數收入	概算數支出	說明
28 年度	148,716.00	148,716.00	已奉令核定並送決算
29 年度	280,400.00	242,000.00	已奉令核定
30 年度	800,000.00	686,000.00	尚未核定

中央防疫處處長湯飛凡　會計員陳介眉

西北防疫處歷年財務概況

（甲）收支概況

（一）二十八年度（本處自本年度起辦理製造，按公有事業之會計事務處理）

收支概況	預算數	實際收支數	追加數	說明
事業收入	190,236.00	242,815.41	52,579.41	本年度超收抄之奉令按實際呈請追加尚未奉核定
事業支出	179,134.00	329,725.00	50,601.10	

（二）二十九度（本年度起奉令按營業會計處理）

損益概算	金額	說明
營業收入	527,035.24	
營業支出	471,863.28	
盈餘	54,171.96	

（三）三十年度（截至三十年八月三十一日止）

損益概算	金額	說明
營業收入	108,157.40	惟尚有各製造所牧場等收支報告未到及有預付暫付款等手續未齊未曾轉帳者均未計入，合應說明
營業支出	545,122.95	

（乙）資產負債概況（截至三十年八月三十一日止）

（一）資產

科目	金額	說明
固定資產	250,357.60	
現金	1,968.33	
銀行往來存款	239.23	
押金	3,489.00	
零用金	7,886.84	發往各製造所牧場料器廠等備用
應收帳款	197,945.15	軍醫署等
墊付政府機關款	35,515.50	
暫付款	76,254.37	
預付費用	286,307.60	訂購原料器材等預付款
預付牧場工程款	75,000.00	
預付成都製造所計續工程款	25,000.00	
合計	960,191.62	

（二）負債

科目	金額	說明
銀行透支	161,447.01	
短期借款	33,048.72	
應付帳款	1,390.18	
應付費用	12,451.98	
代收款	8,249.61	
暫收款	108,088.06	
折舊準備	4,939.79	
歷年盈餘	95,541.82	
本年度未結損益	535,034.45	
合計	960,191.62	

（乙）歷年概算數

年度	概算數收入	概算數支出	說明
二十八年度	190.236.00	179,134.00	公有事業概算
二十九年度	485,000.00	439,000.00	公有事業概算
三十年度	1,500,000.00	1,440,00.00	同上

西北防疫處處長楊永平　會計員張子青

據中央衛生實驗院呈送公共衛生人員訓練所附屬貴陽產院追加三十年度歲入歲出經費概算呈請鑒核由

案據中央衛生實驗院呈稱：「案查公共衛生人員訓練所附屬貴陽產院追加二十九年度歲入歲出經常門常時部份概算，業於本年四月轉奉到行政院三十年二月廿三日勇會字第 2939 號訓令核定有案。惟查該產院在本年三月以前係屬鈞署公共衛生人員訓練所附屬機關，自本年四月公共衛生人員訓練所奉令改併為中央衛生實驗院，即附屬本院。至本年九月本院成立貴陽衛生幹部人員訓練所，始劃為該所附屬機關是貴陽產院於本年內其隸屬，雖幾經改變而所擔負之護產工作仍照常進行。惟因上項情形對於該院三十年度概算未堯，早日造竇。茲遵照行政院核定該院上年度概算規定，按實際收支數目編具公共衛生人員訓練所附屬貴陽產院追加三十年度歲入歲出經常門常時部份概算各六份，理合備文呈竇鑒核，俯准存轉並爾示遵」等情。據此，經核編製尚合除指令並抽存備查外，理合檢同原件呈請鑒核。謹呈行政院。附公共衛生人員訓練所附屬貴陽產院追加三十年度歲入歲出概算各五份。

衛生署公共衛生人員訓練所附屬貴陽產院追加三十年度
歲入經常門常時部份概算書

（三十年一月一日至十二月三十一日）

款	項	目	科目	本年度概算數	上年度預算數	比較增減數增／減
一			經常收入	9,600 元	5,460 元	4,140 元
	一		事業規費收入	9,600 元	5,460 元	4,140 元
		一	衛生治療事業	9,600 元	5,460 元	4,140 元

說明
月收接生費 223 元；手術費 114 元；特別藥費 145 元；材料費 149 元；
住院費 169 元，全年合計如上數。

附註：

查本院二十九年度歲入歲出經常概算，曾經轉奉行政院
三十年二月二十三日勇會第 2939 號訓令核准有案。茲
遵今將由所劃撥本院全年補助費九千六百元，未經列
入，理合註明。

編製機關：

衛生署中央衛生實驗院　院長李廷安　會計主任劉濟黃

衛生署公共衛生人員訓練所附屬貴陽產院追加三十年度
歲出經常門常時部份概算書

（三十年一月一日至十二月三十一日）

款	項	目	科目	本年度概算數	上年度預算數	比較增減數增／減
一			經常支出	9,600 元	5,460 元	4,140 元
	一		俸給費	9,600 元	5,460 元	4,140 元
		一	奉薪	8,760 元	5,460 元	3,300 元
		二	工資	840 元		840 元

說明
院長一人兼任不另支薪；助產主任一人月支 100 元；助產士三人月
各支 80 元；護士長一人月支 100 元；護士一人月支 90 元；軍務員
一人月支 80 元；助理員二人月各支 40 元，全年合計上數。
工資九名各月支 25 元，全年合計 2,700 元，內 1,860 元在補助費內，
開支實約之如上數。

附註：

一、本概算所列本年度概算數及上年度預算，致遵令均照實際收支數編列。

二、本院內本年度開始以來一切物價日益高漲，按照上年度預算，每月實不敷經費345元，全年度計4,140元。此項增加之數仍由本院收入待帳抵用，不另增加國庫負擔。

三、本院三十年度由所劃撥全年補助費9,600元，其用途為不敷工資項下月支155元；辦公費月支300元；購置費月支85元；特別費月支260元，合計全年共支如上數，理合陳明。

編製機關：

衛生署中央衛生實驗院　院長李廷安　會計主任劉濟黃

● 呈報初交本年防疫專款情形祈鑒核由

文號：卅防字第 17052 號

日期：30 年 11 月 29 日

查本署前為派往迎接美國抗瘧人員旅費及所調請赴滇人員暫時生活費用，呈請准由防疫專款項下支付一案，經奉鈞院三十年十月二十九日勇會字第 17094 號指令內開：「呈悉准予在該專款第二、三、四項內撙節勻交，並應迅將第一項器材費已交付數目及已購到器材各若干又所派各項人員旅費、生活費，預計各需若干一併詳細其報。嗣後並不得再請流用第一項器材費，除函請主計處查核准查備案，並分行審計、財政兩部外，仰即遵照等因。」奉此，自當遵辦，謹將本署動支本年防疫專款

情形開列詳單，呈請鑒核。謹呈行政院。

附訂購防疫器材數量表一份、防疫專款實支數目表一份

衛生署署長金寶善

防疫專款項下訂購各種器材數量表　十一月二十五日

品名	數量
40C.C. 霍亂疫苗	23,500 瓶
40C.C. 霍亂傷寒混合疫苗	5,100 瓶
牛痘苗	39,300 打
白喉沉澱類毒素	1,000 瓶
白抗毒素（五十單位）	30 瓶
鼠疫苗	2,000 瓶
鼠疫血清	200,000C.C
赤痢血清	50 瓶
破傷風抗毒素	1,000,000 單位
Sulfathiazole 0.5gm	40,000 粒
Sulfanilamide 0.3gm	100,000 粒

防疫專款各項預算與實支數目表　十一月二十五日

項目	預算數	已交數	待付數	備考
器材費	430,000.00	119,072.10	210,000.00	簽奉孔副院長批
宣傳費	30,000.00	6,439.69	13,000.00	准撥交貴陽衛生
旅運費	50,000.00	29,272.30	10,000.00	人員訓練所辦理
實地防疫費	50,000.00	15,100.00	4,800.00	
訓練防疫人員經費		120,000.00		
合計	560,000.00	289,884.29	237,800.00	

行政院會計處簽呈用紙

衛生署呈復卅年度防疫專款五十六萬元物支情形到院，
正核辦開。復據呈請製造鼠疫苗五萬瓶由蘭州、昆明兩
防疫處分製各二萬五千瓶，共須價運七十萬元，並稱本
年防疫款所餘僅數萬，其不足之款擬在三十一年度防疫
款內支付等情；查卅一年度防疫專款概算，本院擬定只

一百萬元尚未奉核准，未能即據為定案，令該署還請開
支三十一年度防疫款至近七十萬元。萬一明年再有其他
疫症發生又收有何開支，據其呈內聲述，委員長應有不
必大量製造以免產耗之誤，似此微嫌稍多，即目前應訂
製鼠疫苗而各省應皆有防疫經費，共價款似可由該署商
之，發生鼠疫閩浙湘三省分擔訂購。又查該署所送卅年
度防疫專款實支數目即訂購各種器材數量兩表，皆係大
略情形無從明瞭，實際且所列訓練防疫人員經費十二萬
元，尚未據呈復並未轉陳備案。而訂購各種器材列表列
有鼠疫苗二千瓶，鼠疫血清二十萬 C.C. 未列價格欄，
應無從計其訂價，擬指令訂製鼠疫苗，可在三十年度防
疫專款內支付，萬一不敷應由該署商之閩浙湘三省政府
分擔訂購，所請在三十一年度防疫款內支付未便准與備
案。當否，乞核示。

簡樸貴　謹簽　十二、十五

● **呈為分期製備鼠疫苗及不足之款擬在三十一年度防**
　疫款內支付祈核備由

文號：卅總字第 17795 號

日期：30 年 12 月 10 日

案查閩浙湘省先後發現鼠疫並據報敵機散佈鼠疫桿菌，
經會同軍醫署擬據防治實施辦法電奉委員長蔣十一月
三十日侍祕字第 10300 號代電核示如下：「（一）製
造鼠疫苗既據稱不易保藏應用，自不必大量製造以免
虛耗，希先行呈行政院酌撥必須之製造費。（二）擬
製化學藥品 Sulfathiazole 兩噸、氰酸氣十五噸、噴霧器

一百五十套，准已分電行政院迅速向美定購。（三）所
擬防制敵機散佈鼠疫桿菌實施辦法，准已分電行政院及
本會辦公廳審核通飭施行。以上各項希即遵照等因。」
關于製備鼠疫疫苗一層，茲擬先飭蘭州、西北防疫處及
昆明中央防疫處各製四十公撮裝鼠疫苗貳萬五千瓶，合
計五萬瓶，限定兩個月製齊，分別運交重慶、貴陽等地
以備隨時應用。此項鼠疫苗五萬瓶需價運費七十萬之
譜，惟本年度防疫專款除已支用暨應付其他訂品價運
費外，所餘謹數萬元，其不足之款擬即在三十一年度
防疫款內支付。奉電前因，除分電中央、西北兩防疫
處訂製外，理合呈備文呈請鑒核備案實為公便。謹呈
行政院。

衛生署署長金寶善

● **據中央衛生實驗院呈復該院遷移費概算未經詳細申
敍各點祈鑒核由**

文號：卅計字第 18795 號

日期：30 年 12 月 24 日

案查本署前轉呈中央衛生實驗院遷移費概算一案，奉鈞
院勇會字 17312 號指令飭查明遷移情形及各費用途等
因，當經時轉飭查報在案。茲據該院本年十二月十五日
呈稱：「查前公共衛生人員訓練所係奉令於本年四月一
日與前衛生實驗處改併成立中央衛生實驗院，並奉鈞署
本年一月三日卅總字第 24 號訓令應於三十年度內遷渝
辦理衛生研究實驗及訓練等事宜。遷渝職工及其家屬
約計五十餘人，此外圖書儀器、藥品約計八噸，分裝

一百六十餘箱，需大小卡車運送至少七次，每次運輸至少應派押運員一人，司機助手各一人，總計往返需要十四人押運。該項運輸工具原擬僱用商車，唯近因運輸統制加嚴，僱用商車不易，現已據筑院部呈報將舊有卡車 0464 號及 1059 號七座車各一輛（緣故有司機二人）加以修理，備購汽油自行運送。原列汽車費二萬七千元，擬改充汽車修理及購汽油之需。至裝箱工人材料係因舊有木箱不敷裝置，尚需添作新木廂約捌拾個，每個平均約四拾餘元，連同稻草、洋釘搬運人工等合需如列數。其重慶部分即前衛生實驗處亦須購置木箱、稻草雇工裝置運往歌樂山、大天池本院新址，預算僱車費或購油費約五千餘元，又由馬路旁運至大天池之扛伕費約二千元，裝箱工料費一千元至所謂貴陽衛生幹部人員訓練所。係本院今年九月初新設立之附屬訓練機關與本院貴陽部份遷渝事無關，奉令前因，理合具文呈覆仰祈鑒核」等情。據此，理合備文呈請鑒核。謹呈行政院。

衛生署署長金寶善

● **為遵令編擬防治鼠疫臨時費概算呈請鑒核由**

文號：卅防字第 19256 號

日期：30 年 12 月 31 日

查本署于本年十一月二十一日以卅防字 16500 號呈請鈞院撥款補助趕製防治鼠疫應用藥品一案，經奉鈞院秘書處本年十二月九日勇陸字第 19589 號函以奉諭：「關於製造鼠疫苗即準備化學藥品各節應由該署就必要數量趕速製造並造具預算呈核」等因，到署字當遵辦。茲謹編

擬本署防治鼠疫臨時費概算一份呈請鑒核，敬祈俯准；
再查案內所列擬購鼠疫苗為三十萬瓶、鼠疫血清為一萬
瓶，現擬分其訂購，第一期先訂鼠疫苗拾萬瓶、鼠疫血
清三千瓶以應急需，其餘之三分之一擬視將來需要情形
再行斟酌為一期或兩期繼續訂購。謹先陳明並祈鑒察為
禱。謹呈行政院。

附呈三十年度追加防治鼠疫苗臨時費概算一份

衛生署署長金寶善

衛生署三十一年度追加防治鼠疫臨時費概算

科目	概算數	說明
第一款 衛生署防治 鼠疫臨時費	4,005,000.00	查本年來閩浙粵贛各省鼠疫猖獗，尤以此次常德鼠疫流行傳播堪慮。近者太平洋戰事突起，交通阻斷，所有國際友邦以及海外僑胞所捐贈之器材已再難源源輸入。誠恐將來所需，尤多故事前必須有適當準備，以免臨渴掘井之虞。爰經擬就今後最低所需防治鼠疫苗、藥品數量及需用款項業經呈請鈞院准予必要數量趕速製並造具預算呈核在案，理合編擬概算敬請鑒核。
第二項 藥品費	4,005,000.00	
第一目 鼠疫苗	3,780,000.00	擬向本署中央、西北兩防疫處訂購鼠疫苗三十萬瓶（每瓶四十公撮可供四百八十萬人預防注射用），每瓶以十二元六角計算，三十萬瓶共計三百七十萬元，合計如上數。
第二目 鼠疫血清	225,000.00	查鼠疫血清因製造繁難，效用時間有限，應用上頗感不便，原擬改用化學應用藥品 Sulfathiazole。現因國外來源頓缺，而國內所屬數量亦極有限，故不得不應用鼠疫血清，以資治療。茲擬向本署中央防疫處訂購鼠疫血清一萬瓶（每瓶四十公撮，可供二千人治療之用），每瓶以二十元五角計，一萬瓶共計二拾貳萬五千元，合計如上數。

編製機關：衛生署署長金寶善、會計主任龔樹森

衛生署呈請撥用防疫專款製造鼠疫苗案等

審查會通知單

地點：行政院審查室

時間：31 年 1 月 21 日上午 9 時

參加機關：財政部、衛生署

通知日期：31 年 1 月 16 日

餘額案、貴陽公共衛生幹部人員訓練所經費案、衛生實驗院貴陽部份遷移費及重慶部份遷移費案追減三十年度防疫專款及花柳病防治所概算案、追加公共衛生人員訓練所附屬貴陽產院三十年度歲入歲出概算案，茲定於一月廿一日上午九時在本院併案召集審查，除分函衛生署、財政部外，相應抄檢各件函達財政部、衛生署。計抄送衛生署原呈九件（32218、35631、32264、26960、26963、28382、34963、34950、33689 抄）。

● **衛生署呈請撥用防疫專款製造鼠疫苗等案定期召集審查一由（行政院秘書處箋函）**

文號：勇會字第 01001 號

日期：31 年 1 月 16 日

衛生署呈請撥用防疫專款製造鼠疫苗應追加卅一年度防治鼠疫臨時費案呈請增撥中央、西北兩防疫處營業資金各六十萬元案、義烏發生鼠疫請飭撥卅年度防疫專款餘額案、貴陽公共衛生幹部人員訓練所經費案、衛生實驗院貴陽部份遷移費及重慶部份遷移費案追減三十年度防疫專款及花柳病防治所概算案、追加公共衛生人員訓練所附屬貴陽產院三十年度歲入歲出概算案，茲定於一

月廿一日上午九時在本院併案召集審查，除分函衛生署、財政部外，相應抄檢各件函達／函達查照，屆時派員出席討論為荷。此致衛生署、財政部。計抄送衛生署原呈九件（照忠 32218、35631、32264、26960、26963、28382、34963、34950、33689 抄）；原代電一件（忠 31619）抄；衛生署卅一年度追加防治鼠疫臨時費概算一份（照忠 35631 附件抄）；抄中央、西北兩防疫處歷年財政概況各一份（照忠 32264 抄）；檢送貴陽衛生幹部人員訓練所三十年度追加歲出概算書一份（照忠 26960 號收文檢）；中央衛生實驗院三十年度遷移費概算書一份（照忠 26963 檢）；追減三十年度防疫專款概算、追減花柳病防治所概算各一份（照忠 28382 文檢）；抄送貴陽衛生幹部人員訓練所組織規程一份（照忠 34950 文檢）；抄衛生署追減三十年度防疫專款數目清單一份（忠 34950 抄）。

衛生署呈請撥用防疫專款製造鼠疫苗並追加卅一年度防治鼠疫臨時等案審查會紀錄

時間：31 年 1 月 21 日上午 9 時
地點：行政院
奉希　衛生署　李廷安、蔡方進、容啟榮、龔樹森
　　　財政部　李　儻、孫孝續、樓祖慎
　　　行政院　端木愷
主席　端木愷
紀錄　許新源
（一）呈請撥用防疫專款製造鼠疫苗並追加卅一年度防

治鼠疫經費案

前以閩浙湘各省發生鼠疫並據報敵機散佈鼠疫桿菌，經制定防制敵機散佈鼠疫桿菌實施辦法公布施行。關於製造鼠疫苗及化學藥品所需經費，茲由衛生署先後呈撥，擬在卅年度防疫專款支配餘額後用外，擬撥用卅一年度防疫專款，並請追加卅一年度防治鼠疫臨時費四百萬零五千元。經商討後，僉以製造鼠疫苗所需價運費似可唯予先將卅年度防疫專款餘額撥用，惟該項餘額就有若干，應仍由衛生署查明報核。

至卅一年度追加概算部分，經查卅一年度歲出總概算內已列有防疫專款五十六萬元，現在年度甫經開始即行追加，既有未妥，事實上原計畫鼠疫苗及血清之訂製應分三期進行，且委應並有不必大量製造以免虛耗之指示，原概算據列四百餘萬元，揆諸目前情形似嫌過鉅。惟各地鼠疫，既隨時有發生之可能，疫苗之預為製備確有需要，而防疫專款尚須備製，其他疫苗血清不能全數作為防治鼠疫之用應係實情，擬准另增一百五十萬元，除卅一年度歲出總概算衛生支出列有統籌藥械運輸費專款五百萬元，原係包括外科醫藥材料運輸費在內，目前費用尚不甚急，擬即移用一百萬元外，再追加五十萬元。

（二）呈請曾撥中央、西北兩防疫處營業資金各六十萬元案

查中央、西北兩防疫處本年度營業即以承製鼠

疫苗及血清為主，所需材料購置費用，似可即以上項防鼠疫苗經費撥用，無庸另增營業資金。

（三）呈請追加貴陽衛生幹部人員訓練所卅年九至十二月經費，每月三萬，共十二萬元，中央衛生實驗院貴陽部份及重慶部份遷移費四萬五千元，追減卅年度防疫專款十二萬元，各花柳病防治所卅年度來成立以前各月經費四萬五千元案。

查防疫專款需用既殷，須另請增撥，而又有餘款移作別用似欠合理，又貴陽衛生幹部人員訓練所係自卅一年九月成立，其經常費概算擬列有貴陽產院九至十二月份補助費三千二百元，數目惟屬相符，但該項補助費係由公共衛生人員訓練所發給。公共衛生人員訓練所經費惟已追減，但現有中央衛生實驗院之經費較原有前衛生實驗處及公共衛生人員訓練所之經費，合計數尚有增加，則該貴陽產院經費應由衛生實驗院經費內繼續撥給方符成案。今另於貴陽衛生幹部人員訓練所追加經費內列支應有未當，惟現在年度業已終結，擬核准分別追加、追減。

（四）追加公共衛生人員訓練所附屬貴陽產院三十年度歲入歲出概算案

查公共衛生人員訓練所業已併入中央衛生實驗院不復存在，所屬附設貴陽產院既經劃歸貴陽衛生幹部人員訓練所，自應改稱為貴陽衛生幹部人員訓練所附屬貴陽產院。所擬歲入歲出概算擬准分別追加。

右擬各項是否有當，尚乞核示。

行政院會計處用箋

案由：衛生署呈請撥用防疫專款製造鼠疫苗並追加卅一年度防治鼠疫臨時費案；呈請增撥中央、西北兩防疫處營業資金各六十萬元案；義烏發生鼠疫請飭撥卅一年度專款餘額案；貴陽衛生幹部人員訓練所經費案；衛生實驗院貴陽部份遷移費及重慶部份遷移費案；追減卅年度防疫專款及花柳病防治所概算案；追加公共衛生人員幹部訓練所附屬貴陽產院三十年度歲入歲出概算案。附件計抄送衛生署原呈九件、原代電一件，抄衛生署卅一年度追加防治防治鼠疫臨時費概算一份，抄中央、西北兩防疫處歷年財務概況各一份，檢送貴陽衛生幹部人員訓練所三十年度追加歲出概算書一份，追減三十年度防疫專款概算、追減花柳病防治所概算各一份，抄送貴陽衛生幹部人員訓練所組織規程更一份，抄衛生署追減三十年度防疫專款數目清單一份。

● **據衛生署／該署先後呈請撥用防疫專款製造鼠疫苗等案函請查報辦理由／令知照由（行政院）**

文號：順會字第 2502 號

日期：31 年 2 月 12 日

公函

衛生署先後呈請撥用防疫專款製造鼠疫苗並追加卅一年度防治鼠疫臨時費案；呈請增撥中央、西北兩防疫處營業資金各六十萬元案；義烏發生鼠疫請飭撥卅一年度專款餘額案；貴陽衛生幹部人員訓練所經費案；衛生實驗

院貴陽部份遷移費及重慶部份遷移費案；追減卅年度防
疫專款及花柳病防治所概算案；追加公共衛生人員訓練
所附屬貴陽產院卅年度歲入歲出概算案，經併案交付審
查，准照審查意見辦理，除分令財政部、衛生署外，相
應抄檢有關各件暨審查紀錄函請查照辦理。此致國民政
府主計處。

計抄送軍事委員會代電及附件（照渝機 6417 號及附件
抄）衛生署原呈九件（照忠 32218、35631、32264、
26960、26963、28382、34963、34950、33689 抄）；原
代電貳件（照忠 31430、31619 號抄）（以上合併送二
份）；抄衛生署卅一年度追加防治鼠疫臨時費概算二份
（照忠 35631 附件抄）；抄中央、西北兩防疫處歷年財
政概況各二份（照忠 32264 號附件抄）；檢送貴陽衛
生幹部人員訓練所卅年度追加歲出概算書一份（照忠
26960 號檢）；中央衛生實驗院卅年度遷移費概算書二
份（照忠 26963 檢）；追減三十年度防疫專款概算、追
減花柳病防治所概算各二份（照忠 28382 檢）；抄送貴
陽衛生幹部人員訓練所組織規程二份（照忠 34950 號
抄）；抄衛生署追減三十年度防疫專款數目清單二份
（照忠 34950 號抄）；抄送審查紀錄二份。

訓令

令財政部

衛生署先後呈請撥用防疫專款製造鼠疫苗並追加三十一
年度防治鼠疫臨時費等案，經交付審查，應照審查意見
辦理。除函主計處核辦暨令衛生署外，合行抄發審查紀
錄令仰知照。此令。

計抄發審查紀錄乙份

指令

令衛生署

三十年十一月廿六日卅防字 16792 號呈為義烏發生鼠疫請飭撥卅年度防疫專款餘額；同年十二月二日卅總字 17217 號轉呈中央、西北兩防疫處歷年財務狀況，並請准各撥發營業資金六十萬元；同月十日卅總字 17795 號呈為分期製備鼠疫苗及不足之款，擬在卅一年度防疫專款內支付；同月十三日卅計字 18036 號呈送追加公共衛生人員訓練所附屬貴陽產院三十年度歲入歲出概算；同月廿四日卅計總字18794 號呈送追減卅年度防疫專款數目清單暨貴陽衛生幹部人員訓練所組織規程；同日卅計字 18795 號呈復中央衛生實驗院卅年度遷移概算，未經詳細申敘各點；同月卅一日卅防 19256 號呈送追加三十年度防治鼠疫臨時費概算等案由，七呈暨附件均悉，案經交付審查，准照審查意見辦理，除函主計處核辦暨令知財政部外，仰即知照。審查意見抄發。此令。

計抄發審查意見一份

行政院會計處簽呈紙

收文孝字第 79516 號

衛生署前請追加防治鼠疫臨時費一案，經交付審查，擬於已核定之防疫專款五十六萬外，准另增一百五十萬元以統籌藥械運輸費項下移用一百萬元，再追加五十萬元，當經為審查意見核轉主計處查核辦理在案。茲鉅該署編呈五十萬元概算書前來，擬即轉函主計處併案核半。當否，敬請核示。

　　　　　許新源　謹簽　三、十二

● 為補編三十年度浙江衢縣江山上饒等縣防疫經費概算仰祈鑒核由

文號：卅一計字 2525 號

日期：31 年 2 月 13 日

案查尚年五月浙江衢縣、江西、上饒等地先後發生鼠疫，經由第三戰區司令長官部報請軍事委員會轉電，鈞院以緊急命令撥發國幣二十萬元交第三戰區司令長官部轉發應用。當奉勇伍字 11261 號令知並准財政部上年八月三日代電內稱：「以上款業已撥匯，請迅補編概算以完手續等由外，電請第三戰區司令長官部查照辦理逕復各在案。」茲准財政部本年一月二十八日函開：「以上項經費尚未備具支出法案，囑照三十年度國庫收支節署辦法第八條之規定迅予補辦追加法案等由。」准此，理合由署補具追加概算仰祈鑒賜核轉。謹呈行政院。計呈送三十年度浙江衢縣江山江西上饒防治鼠疫經費概算五份。

　　　　　　　　　　　　　　　　衛生署長金寶善

● 為呈送本年度防治鼠疫臨時費追加概算仰祈鑒核由（衛生署呈）

文號：卅一計字 3327 號

日期：31 年 2 月 28 日發

查本署前為防治各地鼠疫請求追加防疫經費一案，經擬具概算呈送鈞院，茲奉本年二月十二日順會字 2502 號

指令節開：「案經交付審查，准照審查意見辦理。」遵查審查意見第一項首段飭查三十年度防疫專款餘額究有若干；次段以原概算列數過鉅，惟各地鼠疫既隨時有發生之可能，擬准另增一百五十萬元，除三十一年度歲出總概算衛生支出列有統籌藥械運輸費專款五百萬元，擬即移用一百萬元外，再追加五十萬元等因。奉此，自當遵辦；查上年度防疫專款項下曾以十五萬元向中央、西北兩防疫處訂購鼠疫苗。茲將開支情形列表附呈至本年度應支防治鼠疫經費，共為一百五十萬元，除在統籌藥械運輸專款項下撥用之一百萬元已編入該項分配預算內另案呈送核定外，其餘五十萬元擬請照數准予追加以應事需，理合檢同追加概算五份備文呈請鑒核施行。謹呈行政院。

計呈送本署三十年度防疫專款實際支付表一件、三十一年度防治鼠疫臨時費追加概算五份

衛生署署長金寶善

三十年度防疫專款實際支付表

科目		預算數	實支數	餘額
第一款	衛生署防疫專款	440,000.00		
第一項	防疫器材費	360,000.00		
第一目	器械	20,000.00	37,000.00	
第二目	藥品	340,000.00	332,334.54	2,665.46
第二項	防疫宣傳費	20.000.00		
第一目	印刷費	15,000.00	9,988.60	5,011.40
第二目	其他	5,000.00	11,227.07	6,227.07
第三項	旅運費	40,000.00		
第一目	器材運輸費	28,000.00	1,876.80	26,123.20
第二目	防疫人員旅費	12,000.00	22,062.95	10,062.95
第四項	實地防疫費	30,000.00		
第一目	俸給費	10,000.00	400.00	9,600.00
第二目	辦公費	10,000.00	24,770.00	14,770.00
合計		440,000.00	439,659.96	40.34

衛生署三十一年度防治鼠疫臨時費追加概算

三十一年一月一日起至十二月三十一日止

科目	本年度概算數	備考
第一款　衛生署防治鼠疫臨時費	500,000.00	查本署所防治各地鼠疫流行擬購備各項防治藥品以應需要，經呈奉
第一項　藥品費	500,000.00	行政院函准追加經費五十萬元，理合編具概算，敬祈鑒核
第一目　鼠疫苗血清等藥品費	500,000.00	

編製機關：衛生署署長金寶善、會計主任龔樹森

● 核轉衛生署編送三十年度浙江衢縣等縣防疫經費概算由

文號：103787 號

日期：31 年 3 月 4 日

令財政部：

前奉委員長三十年七月侍秘川字第 8144 號蒸代電飭撥浙江衢縣等地防治鼠疫經費二十萬元等因，當以急字 394 號緊急命令飭庫照數匯撥第三戰區司令長官部轉發應用在案。茲據衛生署三十年二月十三日呈補編追加概算，前來核案尚符，除令知財政部應指復外，相應抄檢同各件函請分行主計處應指復外，合行檢發原件令仰知照此令查核辦理，此致國民政府主計處。計抄送委員長原代電一件（渝機第 5849 號抄）檢送發原編概算書二份。

令衛生署：

三十一年二月十三日卅一計字第 2525 號呈，另備編三十年度浙江衢縣等縣防疫經費概算由呈件鈞悉，已分轉主計處及財政部，此令。

行政院會計處簽呈

查核定防疫專款概算列為四項：

  （一）器材費四十三萬元；

  （二）宣傳費三萬元；

  （三）旅運費五萬元；

  （四）實地防疫費五萬元；

  共為五十六萬元。

前據衛生署呈請關于派定容啟榮等數員迎接美國抗瘧團旅費及調聘赴滇衛生人員暫時生活費用，由防疫專款項下支付。當指令准在該專款二、三、四項內遵節勻支，及飭迅將第一項器材費已支付數目及已購到器材各若干詳細具報。嗣後不得再請流用第一項器材費，並函主計處轉陳備案。

續據該署呈請追減防疫專款十二萬元辦理貴陽衛生幹部人員訓練所，並由該署簽呈副院座奉批「可」，經已飭其將所請追減為列明之項目即查明列報，再憑核辦在案。

現在該署防戌寢代電以衢縣鼠疫已延至義烏請飭撥防疫專款尚未發之一十六萬元等情；查已奉核定之法案，財政部尚留十六萬元為撥或別有原因，撥交財部查明核辦具報並指復當否，乞核示。

簡○○謹簽

十二月三日

行政院籤

衛生署請飭撥防疫專款尚未撥發之十六萬元外，應如簽由該署遵照前令呈復，再行飭撥，惟此項防治工作需款

急切，可否一面飭令遵照前令辦理，一面撥款濟用之處
仍請會計處核辦。

行政院會計處簽呈

查核定防疫專款概算列為四項：

　　（一）器材費四十三萬元；

　　（二）宣傳費三萬元；

　　（三）旅運費五萬元；

　　（四）實地防疫費五萬元；

　　共為五十六萬元。

前據衛生署呈請關于派定容啟榮等數員迎接美國抗瘧團
旅費及調聘赴滇衛生人員暫時生活費用，由防疫專款項
下支付。當指令准在該專款二、三、四項內遵節勻支，
及飭迅將第一項器材費已支付數目及已購到器材各若干
詳細具報。嗣後不得再請流用第一項器材費，並函主計
處轉陳備案。續據該署陳請追減防疫專款十二萬元辦理
貴陽衛生幹部人員訓練所，經已飭其將所請追減未列明
之項目即查明列報，並遵照勇會字 17094 及 17311 兩號
指令一並詳復各在案。現在該署以浙江衢縣鼠疫已延至
義烏，請飭撥防疫專款尚未發之一十六萬元。但前既領
到四十萬元，究竟如何開支，似應由該署遵照前令詳呈
後再行飭撥，仍乞貴科酌核。此復第六科。

　　　　　　　　　　　　　　會計處第二科啟

　　　　　　　　　　　　　　十一月廿八日

● **據轉衛生署卅一年度防治鼠疫臨時費追加概算函／
令請併案核辦由／仰知照由／已核轉由**

文號：順會 5435 號

日期：31 年 3 月 27 日

公函

前據衛生署先後呈請撥用防疫專款製造鼠疫苗等案，經
本院交付審查後，於本年二月十二日以順會字 2502 號
函請貴處查核辦理，並指令該署知照在案。茲據該署卅
一年二月廿八日卅一計字 3327 號呈略稱：「遵查審查
意見第一項云云敘至鑒核施行。」等情，前來核案尚
符，除令知財政部暨指復外，相應檢同原概算函請查
照，併案核辦為荷。此致國民政府主計處。

計檢送原概算二份

訓令

令財政部

前據衛生署先後呈請撥用防疫專款製造鼠疫苗等案經交
付審查後，函請主計處核辦並於本年二月十二日以順會
字第 2502 號令知在案。茲據衛生署卅一年二月廿八日
卅一計字 3327 號呈稱：「查本署前為防治各地署亦云
云敘至鑒核施行。」等情，核案尚符，除函請主計處併
案核辦暨指復外，合行檢發原概算令仰知照。此令。

計檢發原概算二份

指令

令衛生署

卅一年二月廿八日卅一字 3327 號呈送本年度防治鼠疫
臨時費追加概算祈鑒核由呈件均悉，已函主計處併案核

辦並令知財政部。此令。

● 請令財政部即行飭庫撥發製造鼠疫苗費壹佰萬元已便分發中央西北兩防疫處購料製造由

文號：64 ■■

日期：31 年 4 月 18 日

案查中央防疫處及西北防疫處請撥營業資金各六十萬元一案，業奉鈞院本年二月十二日順會字第 2507 號指令以該兩處本年度以製造鼠疫血清為主，准在核定統籌運輸費五百萬內即撥製造鼠疫苗價運費壹百萬元，不再另撥資金等因；當經轉飭知照並請財政部撥款去後，嗣准財政部復「須俟國防最高委員會核定行知到部再行撥發」等由各在案。現西北防疫處等以訂製鼠疫正在趕製，惟因所需材料平時無款購儲，臨時籌款不但蒙受物價增加之損失且時感就地無法購買，以至妨礙製造，歷陳資本缺乏之困難與實際需要情形，仍請核准准予撥發營業資金暨即撥製造鼠疫苗款等情。據此，經核所呈確屬實情，該兩處所需營業資金擬於編送卅二年度概算時再行列請核撥外，統籌運輸費專款項下奉准移用之製造鼠疫苗費壹百萬元，請予令財政部即行飭庫撥發以應急需，理合備文呈請鑒核俯賜准如所請辦理，實為公便。謹呈行政院。

衛生署署長金寶善

行政院會計處簽呈紙

查本年度統籌藥械運輸費專款，原奉核定為五百萬元，嗣經核准移用為防治鼠疫苗價運經費一百萬元，茲據編

具分配預算，並說明接收美國紅十字會捐贈醫藥材料所
須運輸等費，即在此專款內勻支等語，核案當符擬准分
轉，當否，乞核示。

　　　　　　　　　許新源　謹簽　四、卅

● **為呈送本年度統籌藥械運輸運費專款分配預算仰祈**
　　鑒核由

文號：卅一計字第 6553 號

日期：31 年 4 月 21 日

查本署本年度統籌藥械運輸費專款，業奉核定全年計
五百萬元，嗣奉鈞院本年二月十二日順會字第 2502 號
指令，關於本署另案呈請為防治鼠疫所需製造疫苗費
用，准由同酬藥械運輸運費專款項下移用一百萬元等因
在案。茲謹遵前令合編分配預算八份理合備文呈請鑒
核，謹呈行政院。

計呈本署三十一年度統籌藥械運輸運費專款分配預算八份

　　　　　　　　　　　　　衛生署署長金寶善

衛生署三十一年度統籌藥械運輸運費專款分配預算

三十一年一月一日至三十一年十二月卅一日

科目	全年預算數	第一期分配數 一月至三月	第二、三、四期 各期分配數	備考
第一款 衛生署統 籌運輸費 專款	4,000,000.00	1,000,000.00	1,000,000.00	據收美國紅十字會捐贈醫藥材料所需運輸運費即在統籌款內勻支，合併註明。

科目	全年預算數	第一期分配數一月至三月	第二、三、四期各期分配數	備考
第一項車輛購置及修理費	1,000,000.00	250,000.00	150,000.00	
第一目車輛及零件	600,000.00	150,000.00	150,000.00	購置運輸車輛零件，約需如上數。
第二目修理用具	400,000.00	100,000.00	100,000.00	修理運輸車輛等用具，約需如上數。
第二項建築費	800,000.00	200,000.00	200,000.00	
第一目站房庫房建築及修理費	800,000.00	200,000.00	200,000.00	重慶、昆明等建築庫房、車房等，約需如上數。
第三項運輸費	2,000,000.00	500,000.00	500,000.00	
第一目運輸用費	2,000,000.00	500,000.00	500,000.00	雇用商車，購油料，押運保管人員，運輸工人及司機等薪金旅費祿支等，共約需如上數。
第四項預備費	200,000.00	50,000.00	50,000.00	
第一目預備費	200,000.00	50,000.00	50,000.00	
第二款製造鼠疫血清價運各費	1,000,000.00	1,000,000.00		
第一項製造鼠疫血清價運各費	1,000,000.00	1,000,000.00		
第一目製造鼠疫血清價運各費	1,000,000.00	1,000,000.00		

說明：

一、查本署本年度統籌藥械運輸用費等款預算共奉核定五百萬元，嗣奉行政院本年二月十三日順會字第2502號指令，關於審查本署呈請撥用防疫專款製造鼠疫苗一案，審查會議紀錄第一項尾節開：「各地鼠疫既有隨時發生之可能，疫苗之預為製備確有需要，擬准由統籌藥械運輸運費專款五百萬元內移用一百萬元以為製造鼠疫苗所需價運各費」等因有案。茲遵前令將本用預算分為兩款列賜。

二、查本項分配預算第一款係作四期分配；第二款因是項藥品需要急甚，需提前購備原料趕製，應請一次撥給以應要需。

　　　編製機關：衛生署署長金寶善、會計主任龔樹森

● **核轉衛生署／該署三十一度統籌藥械運輸運費專款分配預算函請查照由／令仰知照由／已核轉由**

文號：順會 6574 號

日期：31 年 5 月 7 日

訓令、公函

令財政部

據衛生署三十一年四月廿一日（卅一）計字第 6553 號呈稱：「查本署本年度統籌藥械運輸運費專款云云敘至鑒核」等情，據此核案尚符。除分轉審計部、財政部／主計處、審計部，並指令外相應／會行，檢同／發原附件，函請／令仰知照。此令。查照。此致國民政府主計處、審計部。

計檢送／發分配預算二份

指令

令衛生署

卅一年四月廿一日卅一計第 6553 號呈送本署三十一年
度統籌藥械運輸運費專款分配預算祈鑒核由呈件均悉，
已分轉主計處、審計部、財政部。此令。

五　行政院檔案 浙江省衛生處防疫指導所組織規程及醫療防疫隊組織規程

原案單位：行政院

移轉單位：行政院

典藏單位：國史館

● 呈送浙江省衛生處防疫指導所組織規程祈鑒核備案令遵由

文號：地天字第 9825 號

日期：30 年 4 月 2 日

案據本省衛生處呈為防治法定傳染病及特殊地方病起見，擬依照該處組織規程第十四條規定設置防疫指導所，附送組織規程請鑒核等情到府。經飭據有關機關審查修正報告前來，當於本府委員會第 1197 次會議提出討論決議通過紀錄在案。除指令暨分咨內政、銓敘兩部及衛生署外，理合抄同浙江省衛生處防疫指導所組織規程一份備文呈送仰祈鑒核備案指令指遵。謹呈行政院。

計呈送浙江省衛生處防疫指導所組織規程一份

浙江省政府主席黃紹竑

浙江省衛生處防疫指導所組織規程

第一條　　浙江省衛生處為防治法定傳染病及特殊地方病（薑片蟲病、東方住血吸蟲病、肺吸病等）

起見，設置浙江省衛生處防疫指導所（以下
簡稱本所）。

第二條　本所設置下列各科室，其掌握事項如左：

第一課　掌理防疫檢驗事項。

第二課　掌理防疫工程事項。

第三課　掌理總務及不屬他課事項。

會計室　掌理歲會計事項。

第三條　本所設所長一人，薦任，由衛生處遴請省政
府薦請任命，綜理本所一切事務並指揮監督
所屬職員。

第四條　本所設課長三人，課員三人至五人，技士二
人至三人，技佐二人至五人均委任，由衛生
處長遴選，依法任用辦理應辦事項。

第五條　本所視事實之需要得在雇用衛生稽查技術助
理員、衛生員及其他雇員等各若干人。

第六條　本所設會計員一人，委任，受會計長之監督指
揮，並依法受所長之指揮辦理應辦事務，其
任用由省會計處依法為之。

第七條　本所得設置防疫隊、檢疫站等，其組織辦法
另定之。

第八條　本所辦事細則另定之。

第九條　本規程自呈奉核准後施行。

● **浙江省政府呈送該省衛生處防疫指導所組織規程案**

文號：忠字第 9231 號

日期：30 年 4 月 26 日

右案奉院長諭：「交衛生署核復」。相應通知衛生署。

行政院秘書長魏

● **為浙江省衛生處防疫指導所組織規程是否呈經大院**
　轉請核准請查復（銓敘部公函）

文號：甄任字第 8309 號

日期：30 年 4 月 28 日

敬啟者，案准浙江省政府本年四月二日地天字第 9825 號咨送該省衛生處防疫指導所組織規程請予備案等由。查二十六年七月中央政治委員會第 39 次會議決議整理官制釐定官等辦法，第一次上半段規定各機關設有簡、薦任職者，其組織法規應一律由主管院、部、會核轉國民政府核准。浙江省衛生處防疫指導所組織規程內設有薦任職務，曾否呈經大院轉請核准，相應函請查照見復為荷。謹致行政院。

部長李培基

簽呈用紙

收文字第 12242 號

查前據浙江省政府呈該省衛生處防疫指導所組織規程；經交衛生署核復去後，嗣准銓敘部函詢該規程是否呈經核准等由；當經簽奉批：「俟衛生署復到再行核辦並函復在案。」。

茲據衛生署核復以該指導所防疫檢驗工作屬於衛生試驗

所職掌，防疫工程可由該省衛生處辦理，復該項應撥作充實該省衛生試驗所等增設醫療防疫隊經費，無另設機構必要等情，似可准如所議辦理。擬指令浙江省政府知照並飭知衛生署函知銓敍部，當否，祈核示。

劉晨緒　謹簽　五、廿三

● 准函署審浙江省衛生處組織防疫指導所一節復請查照轉陳由（衛生署公函）

文號：卅防字第 7118 號

日期：30 年 5 月 16 日

案准貴處三十年四月二十六日發忠字號通知以據浙江省政府呈送該省衛生處防疫指導所組織規程奉諭交衛生署核復等由；附抄原呈一件、組織規程一份。准此，查該所組織宗旨為防治法定傳染病及特殊地方病事屬切要，惟查該指導所下擬設之三課，分掌防疫、檢驗、防疫工程及總務有關事項。關於防疫檢驗工作似屬于該處現有之衛生試驗所職掌。至防疫工程，本為防疫技術之一，可由該處第三科或技術室負責辦理。本署根據該處現有機構詳細審核，認為設置防疫指導所一節似非必要，為推行各種實地防疫工作以補助各縣衛生院人力、物力之不足，應盡先充實浙江省衛生試驗所並增設醫療防疫隊以應需要，即將設置指導所之款項撥充以免另設機構，准函前由，相應將審核意見復請查照轉陳為荷。此致行政院秘書處。

署長金寶善

● 浙江省衛生處防疫指導所組織規程案

文號：勇陸字第 8870 號

日期：30 年 6 月 4 日

指令

令浙江省政府

三十年四月二日地天字第9825 號呈送該省衛生處防疫指導所組織規程由呈件均悉，案經飭據衛生署議復前來，應准如所議辦理，仰即知照此令。

附抄發衛生署原函一件

公函

貴部卅年四月廿八日甄任字第 8309 號公函誦悉，查浙江省已設署衛生處即衛生試驗所無庸另設防疫指導所。除令知浙江省政府外，相應函復查照。此致銓敘部。

箋函

貴署卅年五月十六日卅防字 7118 號公函誦悉，浙江省衛生處組織防疫指導所案，奉院長諭：「准如所議辦理。」除由院令知浙江省政府外，相應函達查照。此致衛生署。

行政院秘書長魏

● 據衛生處呈復關於防疫指導事由遵令依衛生署議復辦理報請鑒核等情轉呈備查由

文號：地行字第 30283 號

日期：30 年 10 月 14 日

案據本省衛生處本年九月五日呈稱：「案奉鈞府本年八月二日地行字第 24885 號訓令內開『案查該處防疫指導

所組織規程前據呈請核轉備案，當經轉呈核辦在案。茲
奉行政院本年六月四日勇陸字第 8870 號指令開，呈件
均悉，案經飭據衛生署議復前來，應准如所議辦理，仰
即知照等因，並抄附衛生署園函一件。奉此，除於本府
委員會第 1216 次會議提出報告外，合行抄發原函令仰
遵照辦理呈核此令』等因，並抄發衛生署原函一件。奉
此，查本處關於防疫檢驗工作向由本處衛生試驗所擔任
所有防疫技術部分，平時亦統由本處第三科暨技術室共
同負責至衛生所設備之充實，以及醫療防疫隊之增設，
業列入本處下年度行正計劃內一併辦理，奉令前因，理
合備文呈復仰祈鑒核等由。據此，查此案前經本府呈奉
令知轉飭遵照在案，茲據前情除以所陳尚無不合，應准
備查等語，指令知照外，理合備文呈報仰祈鑒核備查。
謹呈行政院。

浙江省主席黃紹紘

● **據衛生處呈送浙江省醫療防疫隊組織規程轉請備案由**

文號：宇清字第 1162 號

日期：31 年 1 月 28 日

案據衛生處三十年十二月二十四日衛二方字第 404 號呈
稱：「查本省自二十八年冬由福建松溪政和鼠疫侵入慶
元後，復在寧波、衢縣、龍泉、義烏等處相繼發生，雖
經設置兩個臨時防疫隊為之防治。然其組織系統尚無具
體規定，致內部人員或係調派或為兼任頗不一致，檢督
率指揮甚覺滯礙不靈，茲為秉承衛生署防疫第一之要
義，謀實施上之便利，計見參照中央醫療防疫隊之組織

及本處組規程第十四條之規定，擬於三十一年度起將原有一、二臨時防疫隊統一改組為浙江省醫療防疫隊，並就已奉核定之防疫臨時費撥充該隊經費以健全防疫機構，俾可順利推動工作，使負責實際責任，理合附具浙江省醫療防疫隊組織規程草案，備文呈請鈞鑒俯賜提案討論核准施行並檢同原案咨送衛生署備查。」等情；併附呈組織規程草案前來，據經飭據秘書處審查具復提出本府委員會第一二四一次會議決議「照審查意見通過」在案。除指令並函達衛生署外，理合抄同浙江省醫療防疫隊組織規程備文呈送，仰祈鑒核備案指令指遵。謹呈行政院。

計呈送浙江省醫療防疫隊組織規程一份

浙江省政府主席黃紹竑

浙江省衛生處醫療防疫隊三十一年度歲出預算書

（預算分配表同）經常門　臨時部分

科目	月份預算數	全年預算數	說明
第一款　醫療防疫隊經費	4,160	49,920	上年度係併在防疫費內交報，並無編製預算。
第一項　奉給費	3,270	39,240	
第一目　奉薪	1,790	21,480	隊長一人月支300元；技士二人、會計員一人月各支140元；辦事員二人平均月各支80元；技佐二人平均月各支90元；隊員七人平均月支各70元；助理員四人平均月各支40元；衛生稽查員一人月支80元，年計如上數。

科目		月份預算數	全年預算數	說明
第二目	生活補助費	1,200	14,400	職員二十人月各支生活補助費30元，月計1,000元，又特別生活補助費照生活補助費總額一百分之二十編列月計200元，共1.200元，年計如上數。
第三目	工餉	280	3,360	勤工七人，平均月各支40元。
第二項	辦公費	600	7,200	
第一目	文具	70	840	月支70元，年計如上數。
第二目	郵電	50	600	月支50元，年計如上數。
第三目	消耗	30	360	月支30元，年計如上數。
第四目	旅運費	400	4,800	月支400元，年計如上數。
第五目	雜支	50	600	月支50元，年計如上數。
第三項	特別費	290	3,480	
第一目	藥品費	80	960	月支80元，年計如上數。
第二目	特別辦公費	100	1,200	月支100元，年計如上數。
第三目	員工伙食補助費	110	1,320	月支110元，年計如上數。

簽呈用紙

文號：孝字第 11468 號

查浙江省醫療防疫隊組織規程，既經衛生署酌將原條文予以修正大致尚安，擬將原文「各組」定「組」字一律改為「股」字，令准備案，呈飭知衛生署，當否，祈核示。

劉合清　謹簽　四月三日

組改稱股；第八條衛生稽查員二人至三人屬於醫務股，其衛生稽查長一人，似可不涉。

平羣　四月六日

● 准通知屬核復浙江省醫療防疫隊組織規程一節經予以修改函請詧照轉陳由衛生署公函

文號：卅一防字第 4744 號

日期：31 年 3 月 23 日

案准貴處本年孝字第 6397 號函，以浙江省政府呈據衛生處送呈該省醫療防疫隊組織規程轉請備案一節，奉院長諭：「交衛生署核復」等因；抄送原呈及原附組織規程各一件通知到署查照等由。准此，遵將該規程內容略予核修，茲抄附修正浙江省醫療防疫隊組織規程一份及退回原附組織規程一份，即請查照轉陳為荷。此致行政院秘書處。

附修正浙江省醫療防疫隊組織規程一份，原附浙江省醫療防疫隊組織規程一份

署長金寶善

浙江省醫療防疫隊組織規程

第一條　　浙江省醫療防疫隊（以下簡稱本隊）之組織依照浙江省衛生處組織規程第十六條之規定設定之。

第二條　　本隊直隸於浙江省衛生處，辦理全省防疫醫療事務。

第三條　　本隊設置下列各股

　　　　　一、醫務股

　　　　　二、工程股

　　　　　三、總務股

第四條　醫務股掌理左列事項

　　　　一、關于防疫宣傳及防疫人員訓練之實施
　　　　　　事項。

　　　　二、關于防疫檢驗事項。

　　　　三、關于種痘及其他預防接種事項。

　　　　四、關于檢疫實施及傳染病調查事項。

　　　　五、關于統計報告之彙編事項。

　　　　六、關于其他防疫醫務事項。

第五條　工程股掌理左列事項

　　　　一、關于衛生工程之設計事項。

　　　　二、關于滅鼠滅蚤及撲滅其他傳染病昆蟲
　　　　　　事項。

　　　　三、關于清潔運動水井消毒及其他環境衛生
　　　　　　之改進事項。

　　　　四、關于其他衛生工程之設施事項。

第六條　總務股掌理左列事項

　　　　一、關于印信典寫事項。

　　　　二、關于工作之收發之保管事項。

　　　　三、關于文書之撰擬繕校事項。

　　　　四、關于經費之出納事項。

　　　　五、關于庶務事項。

　　　　六、關于其他不屬各股事項

第七條　本隊設隊長一人，承衛生處長之命綜理本隊
　　　　一切事務。

第八條　本隊設股長三人；醫師二人至四人；護士三
　　　　人至七人；辦事員一人至三人；衛生稽查員

　　　　　　二人至三人；檢驗員一人；助理員若干人。

第九條　　本隊視事務之需要，得雇用書記技術生若干
　　　　　人，分別辦理應辦事務。

第十條　　本隊隊長由衛生處遴員派充；股長、醫師由
　　　　　隊長遴請衛生處派充；護士、辦事員、衛生
　　　　　稽查員、檢驗員、助理員、書記技術生切由
　　　　　隊長遴用報請衛生處備查。

第十一條　本隊設會計員之辦理歲計會計事務。

第十二條　本隊視事實之需要得附設分隊必要時，並
　　　　　得設置臨時防疫醫院留驗所檢疫站、滅蚤
　　　　　治療站等其組織規程另定之。

第十三條　本隊辦事細則另訂之。

第十四條　本規程自呈奉核准之日施行。

（備註）另一份自第十條後有所增改，茲列於下：

第十條　　本隊設主辦會計員一人辦理歲計會計事務。

第十一條　本隊視事實之需要得附設分隊必要時，並
　　　　　得設置臨時防疫醫院留驗所檢疫站、滅蚤
　　　　　治療站等。

第十二條　本隊辦事細則及附屬各種編製章則另訂之。

第十三條　本規程如有未盡事宜，得呈請修正之。

第十四條　本規程自呈奉核准之日施行。

● **浙江省醫療防疫隊組織規程案**

文號：勇陸 6525 號

日期：31 年 4 月 13 日

指令

令浙江省政府

三十一年一月廿八日宇清自第 1662 號呈送浙江省醫療
防疫隊組織規程由，呈件均悉准予備案，該規程已予改
正仰即知照，此令。

附抄發浙江省醫療防疫隊組織規程一份

箋函

貴署卅一年三年廿三日卅一防字第 4744 號公函誦悉；
浙江省醫療防疫隊組織規程，已由院酌予改正，今准備
案相應抄同該規程函達查照。此致衛生署。

附抄送浙江省醫療防疫隊組織規程一份

行政院秘書陳

簽呈用紙

文號：收文信字第 23319、167982 號

法規委員會審查報告浙江省醫療防疫隊組織規程

本案飭據衛生署核復，惟條文文字有應行整理之處分，
述如後：

一、標題內「醫療」二字刪。

二、第一條改為「浙江省衛生處為推進全省防疫工作起
　　見，特設浙江省衛生處防疫隊（以下簡稱本隊）。

三、第二條刪，以下條文次序遞改。

四、第四條內「設」字改「置」字，以下類此字樣

照改。

五、第七條「設置」二字，改「設立」二字。

六、第九條改為「本隊辦事細則另定之」。

七、末條改為「本規程自公布之日施行」。

孫希文　六月十九

● 為呈送本省醫療防疫隊組織規程祈核備由浙江省政府呈

日期：33 年 4 月 4 日

查本省自入春以來各地鼠疫不但仍未戡正，且復相繼發生腦膜炎情勢益趨嚴重。本府為加強防治工作起見，經飭據衛生處依照該處組織規程規定擬具浙江省醫療防疫隊組織規程一種，提出本府委員會第一三四六次會議決議通過在案。除令飭衛生處遵照並分函衛生署外，理合抄同原規程，備文呈請仰祈鈞院鑒核備案指令抵遵。謹呈行政院。

計附呈浙江省醫療防疫組織規程一份

浙江省政府主席黃紹竑

浙江省醫療防疫隊組織規程

第一條　浙江省衛生處為推進全省防疫工作起見，特設浙江省衛生處防疫隊（以下簡稱本隊）。

第二條　本隊設防治、總務兩組。

第三條　本隊置隊長一人，辦理隊務；由浙江省衛生處送請省政府核派之。

第四條　本隊置組組長二人；醫師四人至八人；工程師

一人；檢驗員一人或二人；護士長一人；醫
護員六人至十二人；藥職員一人或二人；辦
事員三人至六人，均由隊長遴請衛生處核派；
醫護助理員四人至六人；衛生稽查四人至六
人；雇員四人至六人由隊長派充。

第五條　本隊置會計員一人；佐理人員一人或二人，
其任免由省政府會計處依法為之。

第六條　本隊於必要時，得商同駐在地縣（市）政府
設立隔離病院、留驗所、檢疫站等，並得請
調有關人員協助辦理。

第七條　本隊視事實之需要，就原有人員區劃為二個
分隊。

第八條　本隊辦事細則另定之。

第九條　本規程自公布之日施行。

● **交據浙省府呈送該省醫療防疫隊組織規程一案應將
核審意見函復由**

文號：卅三防字第 8195 號

日期：33 年 5 月 30 日

行政院秘書處勛鑒：

准貴處本年五月二日信字第 16798 號通知以浙江省政府
呈送該省醫療防疫隊組織規程案，奉諭交衛生署核復等
因，抄原呈及規程各一件到署。查（一）浙江省醫療防
疫隊組織規程第三條規定醫療防疫隊設立防治、總務兩
組尚無不合，惟援照鈞院核定之福建省衛生處防疫大隊
組織規程「防治組」似可改為「業務組」，「總務組」

改為「醫務組」以期劃一。（二）原組織規程第五條規定各項人員之名額尚能切合實際。（三）第七條規定醫防隊必要時得商同駐在地縣（市）政府設置隔離病院、留驗所等核屬緊急措施頗合需要。以上審核意見是否有當，相應電請督核轉陳為荷。

衛生署防 33 辰陷印

六　行政院檔案
浙江省請撥防疫經費

原案單位：行政院
移轉單位：行政院
典藏單位：國史館

● **擬電復照准並送照各省動支預備重整辦法第三條之規定補編計畫及概算呈核行政院來電紙**

文號：A11450 號
日期：31 年 2 月 21 日
渝行政院：
據東陽縣電陳鼠疫猖獗蔓延過鄉，防疫費不敷三萬元，請電匯濟急等情。經本府委員會第 1246 次會議決議擬在戰時特別準備金項下照撥，謹請核示。

來浙江省政府丑哿樂三印

● **浙東第二臨時中學防治鼠疫費二千元擬飭在核准追加該省防治鼠疫費二百萬元內支撥所請追加擬應照准當否乞示**

文號：A20759 號
日期：33 年 2 月 26 日
渝行政院：
教育廳請撥宣平省立浙東第二臨時中學防治鼠疫費二千元，經本府 1335 次省務會議決議在戰時預備金項下請撥，謹電鑒核賜准。

雲浙江省政府叩丑有厚印

● **行政院稿**

文號：A20759 號

日期：33 年 3 月 4 日

電雲和浙江省政府：

丑有原電悉，浙東第二臨時中學所需防治鼠疫費二千元，應在核准追加該省防治鼠疫費二百萬元內支撥。

行政院寅虞渝四印

● **碧湖防疫費擬追加五萬元至第一補助醫院添置設備費十二萬元擬飭迅編計畫概算呈院再行核辦當否乞示**

文號：A21611 號

日期：33 年 5 月 02 日

渝行政院：

本府第 13462 次省務會議決議在戰時預備金項下請撥碧湖防疫費十萬元、第一補助醫院添置設備費十二萬元，謹電鑒核賜准。

浙江省政府卯儉厚印

● **行政院稿**

文號：A21611 號

日期：33 年 5 月12 日

電雲和浙江省政府：

卯儉厚電悉，該省碧湖防疫經費姑准追加五萬元在該省卅三年度在戰備金項下撥支至第一輔助醫院添置設備費

十二萬元，應迅編計畫概要呈院以憑核辦。

行政院辰文渝四印

● 行政院核准動支三十三年度戰時預備金通知書稿

字號：義嘉 10957 號

日期：33 年 5 月 15 日

省市：浙江

支用機關名稱：衛生署

用途：碧湖防疫費

金額：五萬元整

年度月份：33 年度　月份

增列單位預算：5 款 2 項 1 目衛生支出（臨時部份）

● 電呈本省追加防疫費二百萬元概算十份仰祈鑒賜核備由

文號：14564 號

日期：33 年 5 月 18 日

重慶行政院蔣鈞鑒：

案查本省追加防疫費暨省會臨時防疫委員會及省立醫院擴充裝修費，前經電奉鈞院卅二年亥寒慶四電共准追加貳百萬元，其支配數目並經於三十三年寅支強電報請核備在案。是項追加經費概算茲已依照實際情形核實編竣理合備文電送仰祈鑒核迅賜准予備案。

雲浙江省政府主席黃紹竑叩辰強（巧）印

附呈概算十份

浙江省追加防疫費二百萬元經費概算書

科目		概算數	說明
第一款	防疫經費	2,000,000	行政院三十二年亥寒慶四電加本省請撥防疫經費與省會臨時防疫委員會經費省立醫院擴充裝修費共准追加如上數
第一項	省會臨時防疫委員會經費	688,000	依三十二年十至十二月份經費併入衛生支出臨時部分衛生業務費內防疫費項下支報
第一目	本省經費	36,000	
第二目	防疫工作隊經費	396,000	
第三目	檢疫站經費	9,000	
第四目	隔離病院經費	117,000	
第五目	留驗所經費	63,000	
第六目	防蚤服裝費	36,000	
第七目	調查研究費	31,000	衛生署專員伯力士博士字闔來浙各線調查研究往返旅費等
第二項	防疫人員訓練班經費	192,000	每期96,000，二期合計如上數
第三項	省會傳染病院經費	204,000	三十三年一至十二月份經費
第四項	省會臨時防疫大隊經費	160,000	三十三年一至十二月份經費
第五項	醫療防疫隊增設第一二工作隊經費	300,000	
第六項	防疫藥械及用旅裸費	165,000	
第七項	留驗人及病人膳食費	40,000	
第八項	碧湖防疫費	100,000	行政院子齊渝四電核定在防疫經費內開支
第九項	醫療防疫隊遷移費	20,000	行政院子齊渝四電核定在防疫經費內開支
第十項	警察訓練所遷移費	15,000	行政院子齊渝四電核定在防疫經費內開支
第十一項	省立醫院雲和分院擴充裝修費	116,000	
合計		2,000,000	

● 浙省防疫費二百萬元概算案

文號：義嘉 13833 號

日期：33 年 6 月 20 日

公函／訓令

令財政部

據浙江省政府三十三年辰 14564 強巧代電稱：「案查本省追加云云照文錄至准予備案。」等情；經核尚無不合，應准備案。除指復該省暨分行審計部／財政部；主計處／財政部；主計處／審計部外，相應／合行檢送／發原件函請令仰知照／查照。此致國民政府主計處、審計部。

計檢送發浙江省追加防疫經費二百萬經費概算書二份

代電

雲和浙江省政府辰 14564 強巧代電暨附件均悉，經核尚無不合准予備案。除分轉主計處、審計部、財政部外，仰即查照。

行政院已哿渝四印

● 據衛生處呈為擬舉辦防疫人員訓練所需經費在本處本年度訓練經費內動用一案報請核備由

文號：15959 號

日期：33 年 6 月 13 日

案據衛生處三十三年五月二十六日審字第 650 號呈稱：「查本省近年以來各種急性傳染病流行不斷，各縣防疫工作又多由於事項工作人員之缺乏而不能開展盡利。本處雖曾設數防疫人員訓練班，但以奉核定經費有限，僅

舉辦兩期即行中輟，就質量上言尚未能滿足需要，茲擬
動用本年度新興事業費項下之訓練經費繼續舉辦防疫人
員訓練一期，是否可行，理合造具訓練計畫要點暨概算
書備文呈送仰祈鑒核示遵等情。」並附件。據此，查本
年度新興事業費項下之訓練經費分配衛生部分，前奉鈞
電核准追加十萬元，據請動用事項經費繼續舉辦防疫人
員訓練班一期，經核尚屬需要，所送計劃要點及概算書
亦尚無不合，擬准照辦，除指令外，理合檢同原附件各
件備文呈報仰祈鑒核備案指令祇遵。謹呈行政院。
計附呈浙江省衛生處舉辦防疫人員計劃要點暨概算書各
一份

浙江省政府主席黃紹竑

浙江省衛生處舉辦防疫人員訓練計劃要點

一、學員以各縣衛生院現任護士或衛生稽查或相當職務
之人員為對象，由省衛生處核定調訓，其名額暫定
為二十名。

二、訓練設備就衛生處前所設置之防疫人員訓練班原有
設備應用之。

三、訓練期限定為二個月。

四、訓練課程偏重於九種法定傳染病、回歸熱、瘧疾
等防治方法以及與環境衛生工作有關之各項應用
技術。

五、學員之主食、副食以及往返川旅費應自備或由原服
務機關供給。

六、師資由衛生處長就衛生處暨所屬機關職員中盡量指

定兼充為原則，必要時得聘請專任教官二人派用事
務人■……。

學員結業考試成績及格由省衛生處核發結業證書並飭仍
回原機關服務。

浙江省衛生處防疫人員訓練班三十三年度歲出概算書
經常門　臨時部份

科目		概算數	說明
第一款	防疫人員訓練班經費	80,000.00	訓練及籌備期間各為兩個月，實習及辦理結束期間為一個月，共計五個月；是項經費實奉行政院本年丑佳渝四電核准在本省新興事業費內開支。
第一項	俸給費	59,400.00	
第一目	薪金	3,600.00	會計員一人月支 160 元；辦事員二人平均月各 100 元，五個月記 1,800，又訓練及實習期間增加專任教師二人平均月各支 240 元；書記二人平均月各支 60 元，三個月計 1,800 元，合計如上數。
第二目	修金	1,500.00	兼任教師授課 300 小時，每小時 5 元計算合計如上數。
第三目	生活補助費	14,400.00	教職員七人基本數月支 400 元，加成數照薪俸額十股，其中會計員一人；辦事員二人支五個月，計基本數 6,000 元，四成數 1,800 元及教師及書記各二人支三個月計基本數 4,800 元加成數 1,800 元，共計如上數。
第四目	工資	1,560.00	勤工七人平均月各支 60 元，內三人為二個月計 360 元；四人為五個月計 1,200 元，合計如上數。
第五目	食米代金	38,340.00	教職員七人月各領米一石（內四人為三個月、三人為五個月），勤工七人月領米六斗（內三人為二個月、四人為五個月）共領米四十二石六斗共計九十元計算，合計如上數。
第二款	■……	10,000.00	
第一目	■……	2,000.00	
第二目	郵電	200.00	
第三目	消耗	1,400.00	
第四目	印刷	1,000.00	
第五目	租賦	400.00	

科目		概算數	說明
第六目	旅運	3,000.00	
第七目	什支	1,000.00	
第三款	購置費	2,320.00	
第一目	器具	2,000.00	
第二目	圖書	320.00	
第四款	特別費	8,280.00	
第一目	兼任教師伙食費	3,600.00	兼任教師自雲和至臨溪上課，平均每月二人，每人每日以 30 元計算，六月共 1,800 元，二個月計如上數。
第二目	勤工伙食津貼	4,680.00	勤工七人平均月各之 180 元，三人為二個月，計支 1,080 元；四人為五個月，計支 3,600，合計如上數。

● 浙省訓練防疫人員計畫概算書案

文號：義嘉 24036 號

日期：33 年 11 月 16 日

指令

令浙江省政府

三十三年六月十三日華字第 15951 號呈，據衛生處呈為擬舉辦防疫人員訓練所需經費在本處本年度訓練經費內動用一案報核由呈件均悉，經核尚無不合准予備案。除分行主計處、審計部、財政部外，仰即知照。

公函／訓令

令財政部

據浙江省政府三十三年六月十三日華字第 15951 號呈稱：「據衛生處云云照文錄至指令祇遵。」等情，經核尚無不當准予備案，除指復該省暨分行審計部、財政部；主計處、財政部；主計處、審計部外，相應合行抄送發原件函請查照令仰知照。此致國民政府主計處、審計部。

計抄送浙江省衛生處舉辦防疫人員計劃要點暨概算書一份

● 為浙省訓練防疫人員概算書與原數不符函請查照見復由（國民政府主計處歲計局公函）

文號：渝計字 2780 號

日期：33 年 12 月 14 日

奉交貴院三十三年義嘉字 24063 號函附送浙江省衛生處舉辦防疫人員訓練班計劃要點暨概算書各一份囑查照等由。准此，查是項經費業經貴院核准追加十萬元，在新興事業內動支並准以義嘉字第 2857 號通知書通知本處在案。茲所編概算書為 80,000 元與原數不符，相應函請查照見復為荷。此致行政院會計處。

局長楊汝梅

● 行政院電

文號：平嘉 0190 號

日期：34 年 1 月 4 日

雲和浙江省政府：

66759 查該省防疫人員訓練班經費，前經核飭由該省新興事業費內動支十萬元，嗣據該省補編概算書僅列八萬元，據以義嘉字 24036 號指令准予備案，其餘二萬元作他項用途，仰即查復。

行政院亥渝四印

公函／訓令（浙省防疫人員訓練班計劃概算案）

令財政部

查浙江省防疫人員訓練班計劃概算案前據本院義嘉字

24036 號函達查照令仰知照在案，惟原概算僅列八萬元較本院前准十萬元相差二萬元，自應依所送概算核定並撤銷前案，除飭該省查明緣由並分行外，相應函請令行查照此令／令仰查照辦理為荷。此致國民政府主計處、審計部。

● **浙省防疫人員訓練所經費據呈所餘二萬元已悉數移購原文醫藥書籍一節擬飭應依編列移用表呈核擬電復該省查照當否祈示**

文號：A24711 號

日期：34 年 1 月 16 日

渝行政院：

亥渝四電敬悉，本省防疫人員訓練班原額定為十萬元，嗣奉令各機關經費以八折發放，是該班經費減列為八萬元，所餘二萬元及該班節餘，本所衛生處已悉數移購原文醫藥書籍，乞准備案。

　　　　　　　　　　　　　　　浙省麻強印

● **行政院電**

文號：A2470 號

日期：34 年 1 月 27 日

雲和浙江省政府：

3444 強電悉，該省防疫訓練班所餘二萬元，准移購原文醫藥書籍。除分行外，電仰查照。

　　　　　　　　　　　　　　　行政院子有午興四印

公函／訓令（浙省防疫人員訓練班經費案）

文號：平嘉 4970 號

令財政部

查浙省防疫人員訓練班預算數較本院核定數尚差二萬元在案，前經本院審飭查明作何用途在案。茲據該省政府電稱：「本省云云照文錄至二萬元，本府衛生處已悉數移購原文醫藥書籍乞准備案。」等情，姑准備案。除電復該省查照外，相應函請查照。此致國民政府主計處、審計部。

● 浙江省政府電請提撥防疫費五百萬元案

文號：A27257 號

日期：34 年 5 月 11 日

渝行政院：

本省前以鼠疫復熾，經電請准撥防治費貳百萬元，當將分配預算呈核在案。近以毒鼠及預防注射工作均需積極開展，兼以雲和等地腦膜炎相繼發生，情勢嚴重，現正嚴加防治。一面並擬積極防範夏秋間霍亂之發生，計需購防治霍亂流行性腦膜髓膜炎及其他流行性傳染病等疫苗、藥品二百萬元。又省醫療防疫隊等防疫機關及其他防疫檢診設備費二百萬元，省立第二醫院傳染病部防疫費及病人免費診療藥品、伙食費一百萬元共計五百萬元。本省無款可撥，且上次防疫費已支用無餘，懇再電准迅撥以資防治。

浙江省政府辰青綜印

● 交核浙江省府請撥防疫費五百萬元一案核屬需要請賜照撥由（衛生署電）

日期：34 年 5 月 29 日

擬辦：查浙江省本年時防疫流行，需追加防疫費五百萬元一案，經飭據衛生署核復略以該省鼠疫尚未根絕，所請實屬需要等語；查該省電請追加款係為購備藥材充鼠及時疫，為霍亂、腦膜炎防治用，實屬充實該省衛生設施性質，茲以該省本年衛生經費核數較少，設備當居簡陋，上半年曾由本院指撥二百五十萬元予以補貼，本年擬援上例准追加三百萬元以為支應，即在本年縣市建設費內動支。當否，祈示。

● 衛生署快郵代電

文號：卅防字第 8101 號

日期：34 年 5 月 26 日

行政院秘書處勛鑒：

准貴處三十年五月十八日 A 興四字第 2757 號通知以浙經省政府電請撥發防疫費五百萬元一案，奉諭交衛生署迅速核復等因抄送原電一件到署。查浙江省鼠疫現有地方性疫區者計有雲和、麗水、永嘉、青田、慶元等處，雖最近疫勢未擴大，但仍應加緊防治以期根絕源；上年度經奉准撥發該省防治費二百萬元，本年度因各項防治器材增加，物價高漲，所請之防疫費五百萬元實屬需要，相應電請督核轉陳賜准如數照撥，以利防疫為禱。

衛生署防 34 寢辰印

● 行政院電

文號：和字第 19704 號

日期：34 年 6 月 7 日

雲和浙江省政府：

5777 辰齊綜電悉，該省本年防疫費准追加參百萬元，並將支配情形報核。

行政院巳陽興四印

● 浙省本年防疫費五百萬元案

文號：平嘉丁 12305 號

日期：34 年 6 月 8 日

公函

貴署防 34 寢辰代電誦悉，查本省本年防疫費案，據奉院長諭：「浙省本年防疫費准追加參百萬元。」等因；除由該院電知浙省府外，相應函請查照為荷。此致衛生署。

行政院秘書長陳

● 遵電編呈防疫費三百萬元分配預算祈核備示遵由

文號：20305

日期：34 年 8 月 6 日

重慶行政院鈞鑒：

案奉鈞院巳陽興四電，核准追加本省本年度防疫費三百萬元並飭編造分配預算呈核等因，奉經飭據本省衛生處編送前來經核無誤，理合檢具是項預算五份，電請鑒核准予備案，並乞示遵。

浙江省政府主席黃紹竑叩未魚 20305 綜

計呈送三十四年追加防疫經費三百萬元歲出預算書五份

浙江省三十四年度追加防疫經費三百萬元歲出概算書
（分配表同）經常門　臨時部份

科目		追加預算數	分配數		說明
			第一期	第二期	
第一款	浙江省卅四年度追加防疫經費	3,000,000	2,448,000	552,000	行政院巳陽丑四電核准追加
第一項	衛生處防疫費	1,000,000	840,000	160,000	
第一目	購置防疫疫苗藥械及材料費	930,000	780,000	150,000	統籌購貯以備分發之用
第二目	防疫用藥包裝郵運等費	70,000	60,000	10,000	購發防疫用品前需包裝■……
第二款	第一醫療防疫隊防疫費	390,000	324,000	66,000	
第一目	充實防疫設備費	240,000	210,000	30,000	添置有關防疫設備等費
第二目	添購消毒材料費	60,000	54,000	6,000	
第三目	派員協導各縣防疫工作經費	90,000	60,000	30,000	赴各縣協導防疫工作人員川旅宣傳等費
第三款	第二醫療防疫隊防疫費	390,000	324,000	66,000	
第一目	充實防疫設備費	240,000	210,000	30,000	添置有關防疫設備等費
第二目	添購消毒材料費	60,000	54,000	6,000	
第三目	派員協導各縣防疫工作經費	90,000	60,000	30,000	赴各縣協導防疫工作人員川旅宣傳等費
第四款	浙西衛生事務所防疫費	238,400	180,000	58,400	
第一目	充實防疫設備費	150,000	130,000	20,000	添置有關防疫設備等費
第二目	添購消毒材料費	30,000	20,000	10,000	

科目		追加預算數	分配數		說明
			第一期	第二期	
第三目	派員協導各縣防疫工作經費	58,400	30,000	28,400	赴各縣協導防疫工作人員川旅宣傳等費
第五款	省立第二醫院兼辦傳染病人免費住院經費	918,600	780,000	201,600	省府委員會第1399次會議決議應追加防疫費內開支
第一目	膳食費	180,000	100,000	80,000	經常供給免費病人膳食等費
第二目	醫療藥品	540,000	500,000	40,000	添購免費病人醫療藥品等費
第三目	特別費	261,600	180,000	81,600	薪炭值應津貼殮埋費及其他支出等費
合計		3,000,000	2,448,000	552,000	

● **為遵電查復省會臨時防疫委員會經費分配情形補繕概算電祈鑒核由**

文號：26723 號

日期：34 年 8 月 30 日

重慶行政院鈞鑒：

未魚興四電奉悉，查省會臨時防疫委員會係卅二年十月成立到年底另組省會臨時防疫大隊後結束，茲補繕該會十至十二月份經費概算一份，電祈鑒核。

　　　　　　　　　浙江省政府叩未陷 26723 強印

附呈概算書一份

七　國民政府檔案
湖南省鼠疫防治

原案單位：國民政府
移轉單位：總統府
典藏單位：國史館

● **國民政府軍事委員會辦公廳機要室電報摘由箋**

日期：30 年 11 月 16 日
據衛生處案呈四區歐專員等電，稱敵機支辰在常德桃源投下顆粒，常德市區戌元已發現鼠疫，兩日死亡十餘人，經美國廣德醫院協同化驗確係鼠疫菌等語，已飭積極預防，並派高級醫員攜藥前往該地救治並預防。

文號：東陽 34044
即到，重慶軍委會委員長蔣鈞鑒：
據衛生處案呈四區專員歐冠、常德縣長鄭達、衛生院長方德誠戌寒電，稱人密敵機支辰在常德桃源投下顆粒，常德市區戌元已發現鼠疫，兩日死七十餘人情況危急，經美國廣德醫院協同化驗確係鼠疫桿菌等語。除飭積極預防外，並派高級專員攜藥即前往該地救治並預防外，謹電呈明。

　　　　　　　湖南省政府主席薛岳叩來府衛三分 16.00 印

● **國民政府軍事委員會委員長侍從室第二處代電**

文號：川字第 10123 號

日期：30 年 11 月 19 日

衛生署金署長、軍醫署盧署長：

據湖南省政府薛主席來府衛三分 16.00 電，稱據常德縣長、衛生院長戌寒電，稱敵機支辰在常德桃源投下顆粒，市區戌元已發現鼠疫，兩日死亡十餘人，情況危急，經美國廣德醫院協同化驗確係鼠疫桿菌等語。即報 ■來特電注意，並希查明實情迅予協助救治具報為要。

中

戌皓侍秘

簽呈

文號：渝總三字第 3193 號

日期：30 年 11 月 28 日

竊據本會駐常德醫務隊中隊長錢保康電告，支日敵機散佈麥粒，文日以後發現鼠疫病四例，經顯微鏡檢查確實等情。經立派細菌專家陳文貴馳往常德策劃防遏，除電飭續報亦情並商呈衛生署詳為研究嚴密防治外，理合簽報鈞座鑒察。謹呈委員長蔣。

中國紅十字會總會秘書長潘小萼

● **為奉戌皓侍秘代電飭查明敵機在常德桃源投散顆粒市區已發現鼠疫實情迅予救治具報等因謹將遵辦情形電呈鑒核由軍政部軍醫署代電**

文號：衛（30）戌渝字第 801769 號

日期：30 年 11 月 28 日

重慶軍事委員會委員長蔣鈞鑒：

三十年十一月十九日侍秘字第 10123 號戌皓侍秘代電奉
悉，遵查本署前准第六戰區司令長官部衛生處兼該戰區
兵站總兼部衛生處陳處長立楷戌刪電稱：「本月支日，
敵機一架在常德低空投散穀麥及絮狀物。經當地廣德醫
院顯微鏡檢查，及腹水培養發現類似鼠疫桿菌。至十二
日晨發現民眾患者一名，在廣德醫院治療，十三日死
亡。經血片檢查及屍體解剖，將脾臟抽出液，以寒天培
養，均現鼠疫桿菌。十四日晚該死者之鄰居又發現患者
一名，血液及鼠蹊淋巴液鏡檢亦發現同樣桿菌。」等
語；當經會同衛生署分別派遣防疫及細菌檢驗專員暨防
疫隊悉帶防治鼠疫材料，過日前往常德協助防治，詳細
檢驗具報，並會銜衛生署於本月二十二日以衛（30）戌
渝字第801730號戌養代電，將派員防治常德鼠疫情形
暨擬防制敵機散播鼠疫實施辦法報請鑒核在案。至於敵
機在桃源投散含有病菌顆粒一節，本署尚未據報。除已
分電前往常德之第六戰區司令長官部衛生處兼該戰區兵
站總監部衛生處晨處長立楷就近派遣細菌、檢驗專員，
過日前往桃源實地調查檢驗具報並設法預防外，謹電呈
復伏乞鑒核備查。

軍醫署長盧致德衛渝

● **防治常德鼠疫情形擬具防制敵機散撥鼠菌實施辦法各點分陳參核（國民政府軍事委員會辦公廳機要室電報摘由箋）**

文號：侍秘川字 14625 號

日期：30 年 11 月 23 日

軍醫署、衛生署

文號：衛（30）戌渝 801730 號

日期：30 年 11 月 22 日

軍事委員會委員長蔣鈞鑒：

查此次湘省常德發生鼠疫一案，茲經據各方所報疫情，以三十年十一月四日上午五時半至六時敵機一架在常德低空投散穀麥及絮狀破物，經公安局搜集將麥送交廣德醫院以生理食鹽水浸漬，經遠心沉澱鏡檢發現少數疑似鼠疫桿菌。復經紅十字會第二中隊會同以腹水培養二十四小時鏡檢方現少量兩極染色短形桿菌；十二日已發現民眾鼠疫患者一人，在廣德醫院隔離病室療治，十三日死亡。經血片檢查及屍體解剖，將脾臟抽出液以寒天培養，均發現鼠疫桿菌。十四日于前死者之鄰居又發現患者一位，同日並檢查屍體一具，分別以血片、鼠蹊淋巴液、肝臟抽出液鏡檢發現同樣桿菌（以上疫情係摘要中國紅十字會總會救護總隊第二中隊、二十集團軍總司令部、湖南省政府、湖南衛生處等處截至本年十一月十九日止來電）；關于本案，前經衛生署于本年十一月十八日以卅防字第 16133 號戌巧密代電呈報在案。頃本軍醫署奉軍政部交下鈞座感令一亨偉代電，又本衛生署奉鈞座三十年十一月十九日侍秘字第 10123 號號戌侍

秘代電均敬悉，茲謹將衛生署、軍醫署兩署與有關各方
面最近處理防治常德鼠疫情形，及擬具防制敵機散播鼠
疫桿菌實施辦法各點分陳如下：

（甲）關于防疫人員之調動

　　（一）衛生署方面派有醫療防疫隊第二大隊部大隊長
　　　　　石茂年已于本月十六日離芷江前往常德協助
　　　　　工作。此外醫療防疫隊第十四隊全隊人員亦
　　　　　于本月十六日到達元陵，正候車開往常德。

　　（二）軍醫署方面已派第四防疫大隊第一中隊于本月
　　　　　十六日由黔江開往常德並已電飭現駐長沙之
　　　　　第九大隊迅派一中隊赴常德協同工作。

　　（三）中國紅十字會總會救護總隊現在常德工作者已
　　　　　有第二中隊全隊人員。

　　（四）第六戰區司令長官部衛生處處長兼該戰區兵站
　　　　　衛生處處長陳立楷已于十一月十四日到達常
　　　　　德督導防治工作。

　　（五）電調軍政部戰時衛生人員訓練所防疫學組主任
　　　　　施正信、檢驗學組主任兼中國紅十字會總會
　　　　　救護總隊部指導員陳文貴及浙江省衛生處技
　　　　　正柯主光趕往常德協助調查及防治工作。

　　（六）電飭湖南省衛生處處長張維即速會同第六戰區
　　　　　司令長官部衛生處長兼兵站總監部衛生處處
　　　　　長陳立楷以及各有關人員負責組織臨時防疫
　　　　　聯合辦事處加緊防治，以一事權而利工作。

　　（七）衛生署通電各省市地方機關轉飭所屬一體注
　　　　　意，嚴密防範。

（乙）關于防疫器材之供應

（一）由衛生署、軍醫署共發鼠疫苗九百瓶，鼠疫
血清一百五十瓶及治療鼠疫用之化學藥品
Sulfathiazole 一萬三千粒。此外，並各繼續準備
大量防治器材以應急需，又令電飭中國紅十
字會總會救護總隊部作同樣之準備，綜計以
上所準備之器材數量，只能供應一時之用；
現各省紛紛來電請撥器藥，誠恐將來所需尤
多，故事前須有事當準備，以免臨渴掘井之
虞。茲擬就今後所需之鼠疫苗約三十萬瓶，
足供四百八十萬人預防注射之用，以上三十
萬瓶鼠疫苗總價值國幣三百七十八萬元。如
中央即能撥款補助，當即電飭衛生署中央、
西北兩防疫處盡于兩個月內悉數製成。再鼠
疫血清因製造繁難而價尤高，效用時間有
限，且不易于保藏應用上，頗感不便，現擬
改用化學藥 Sulfathiazole，此項藥品最低需準
備兩噸，足供五萬病例治療之用，又氰酸氣
十五噸及噴霧器一百五十套。以上各種器材
及運費擬請准予在美國租借法案內撥款向美
國購運，或轉請美國紅十字會與以捐助，以
利防疫工作。

（丙）擬具防制敵機散播鼠疫桿菌實施辦法，茲為防
範敵機在其他各地同樣散播毒菌起見，特擬就
防制敵機散播鼠疫桿菌實施辦法一份，以資防
範。謹抄正隨電呈閱，敬祈鑒核通飭各軍旅防

疫機關與各省市政府，以及負責防空機關轉飭
全國防空人員案照實施，以防敵人實行細菌戰
之毒計為禱。

　　　　　　　　軍政部軍醫署署長盧致德
　　　　　　　　衛生署署長金寶善同叩
　　　　　　　　防戌養印

● **陳布雷呈**

日期：30 年 11 月 24 日

報告防治常德鼠疫情形擬具防制敵機散播鼠菌實施辦法
請鑒核。

戌皓侍秘代電敬悉，茲謹將最近處理防治情形及擬具防
制敵機散播鼠疫桿菌實施辦法分陳如下：

（甲）關於防疫人員之調動

1. 衛生署方面派有醫療防疫隊前往常德協助
　　工作。
2. 軍醫署方面已派防疫隊赴常德協助工作。
3. 中國紅十字會總會救護總隊在常德工作者有
　　第二中隊全隊人員。
4. 第六戰區司令長官部衛生處處長陳立楷到常
　　德督導防治。
5. 電調軍政部戰時衛生人員訓練所防疫學組主
　　任施正信、檢驗學組主任陳文貴及浙江省衛
　　生處技正柯主光趕往協助防治。
6. 電飭湘衛生處處長張維組織臨時防疫聯合辦
　　事處加緊防治。

　　7. 衛生署通電各省市地方機關飭屬注意防範。

（乙）關于防疫器材之供應

　　1. 由衛生署、軍醫署共發鼠疫苗九百瓶，鼠疫
　　血清一百五十瓶及治療鼠疫用之化學藥品一
　　萬三千粒並繼續準備大量防治器材以應急需；
　　現各省紛電請撥器藥，擬準備鼠疫苗約三十
　　萬瓶，足供四百八十萬人預防注射之用，總
　　價值國幣三百七十八萬元。如中央能撥款補
　　助，當即於兩個月內悉數製成。再鼠疫血清
　　因製造繁難，而價尤高，效用時間有限，且
　　不易於保藏並擬改製化學藥品 Sulfathiazole 兩
　　噸、氰酸氣十五噸及噴霧器一百五十套。以
　　上各種器材及運費擬請准予在美國租借法案
　　內撥款項美國購運，或轉請美國紅十字會與
　　以捐助。

（丙）擬具防制敵機散播鼠疫桿菌實施辦法隨電呈閱，
　　敬祈鑒核通飭各軍旅防疫機關與各省市政府，以
　　及負責防空機關轉飭全國防空人員案照實施。
　　（附件留處候調）

擬辦

謹按：此事係前據薛主席電敵機散播疫菌情形，經交
　　衛生、軍醫兩屬查核實情及擬議防護辦法據復
　　如上。

　　1. 製造鼠疫苗既據稱不易保藏應用，自不必大
　　量製造以免虛耗公帑，擬令飭先呈行政院酌
　　撥必需之製造費。

2. 化學藥品 Sulfathiazole 兩噸、氰酸氣十五噸及噴
   霧器一百五十套擬准交行政院迅速向美定購。
3. 防制敵機散播鼠疫桿菌實施辦法擬准交軍委
   會、行政院通飭施行。

● 國民政府軍事委員會委員長侍從室第二處稿

文號：川字第 10300 號

日期：30 年 11 月 30 日

軍醫署盧署長、衛生署金署長均鑒：

衛（30）戌渝字第801730 號防戌養代電及附件均悉，
茲分別核示如次：（一）製造鼠疫苗既據稱不易保藏應
用，自不必大量製造以免虛耗，希先呈行政院酌撥必需
之製造費。（二）擬製化學藥品 Sulfathiazole 兩噸、氰
酸氣十五噸及噴霧器一百五十套，准已分電行政院迅速
向美定購。（三）所擬防制敵機散播鼠疫桿菌實施辦法
准已分電抄行政院及本會辦公廳審核通飭施行。以上各
項希即遵照。

中

戌陷侍秘

● 國民政府軍事委員會委員長侍從室第二處稿

文號：川字第 10301、10302 號

日期：30 年 11 月 30 日

（一）

行政院孔副院長勳鑒：

查敵寇屢在各地投擲鼠疫毒菌，迭據閩、浙、湘各省電

報發生鼠疫，代驗屬實。經軍醫、衛生兩署呈復除調派
醫務人員供應防疫器材、藥品趕施救治外，現各省份電
請撥器藥擬準備疫苗約三十萬瓶，總價國幣三百七十八
萬元。如中央能撥款補助，當即於兩個月內悉數製成，
惟鼠疫血清製造難而價尤高，效用時間有限，不易於保
藏並擬改製化學藥品Sulfathiazole兩噸、氰酸氣十五噸
及噴霧器一百五十套。以上各種器材及運費擬請准予在
美國租借法案內撥款項美購運並擬具防制敵機散播鼠疫
桿菌實施方案呈請通飭各軍旅防疫機關與各省市政府，
以及負責防空機關轉飭全國防空人員按照實施等情。前
來查所陳：（一）製造鼠疫苗既據稱不易保藏應用，自
不必大量製造。除復令先呈行政院酌撥為需之製造費
外，希於呈到時酌于必需準備數量之費用核撥俾濟急
需；（二）所擬準備化學藥品Sulfathiazole兩噸、氰酸
氣十五噸及噴霧器一百五十套一節應准照辦，即請迅速
向美照數定購，趕運濟用為盼；（三）所擬防制敵機散
播鼠疫桿菌實施辦法除分交本會辦公廳外，即請審核通
飭施行為盼。

中

戊陷侍秘

附送防制敵機散播鼠疫桿菌實施辦法一份。

（二）

本會辦公廳商主任：

查近來敵機迭在各地投擲鼠疫桿菌，經飭據軍醫、衛生
兩署呈復除調派醫務人員並供應即準備防疫器材、藥品
趕施救治外，謹擬具防制敵機散播鼠疫實施辦法呈請通

飭各軍旅防疫機關與各省市政府，以及負責防空機關轉
飭全國防空人員按照實施等情前來；除分轉行政院外，
合亟將原實施辦法隨文轉發，即希審核通飭施行為盼。

中

戌陷侍秘

附辦法一份

●　國民政府軍事委員會辦公廳機要室電報摘由箋

日期：30 年 12 月 12 日

敵機在常德散播顆粒，經細菌專家等會同檢驗鑑定證實
確係鼠疫桿菌，先後染疫民眾計廿八人、死十五人，除
飭嚴密防治期絕根株外，敬懇宣頒敵寇暴行以廣宣傳，
並通飭一體嚴防。

文號：東陽 37011

繼渝委員長蔣、行政院副院長孔、軍政部長何鈞鑒：
敵機上月支辰在本省常、桃散播顆粒，常德因以發生鼠
疫，經以刪電呈報在案。現該地鼠疫由細菌專家陳文貴
醫師、各方專家及本府衛生處主任技正鄧一韙與本地衛
生院、廣德醫院會同檢驗鑑定，證實確係鼠疫桿菌。查
常德素無鼠疫種子，其為敵機散播毒菌所致無疑。先後
染疫民眾計廿二人、死十五人，幸協防禦得力，未致擴
大蔓延。惟此疫性烈，隨時爆發堪虞，除飭嚴密防治期
絕根株外，理合應呈敬懇宣頒敵寇暴行以廣宣傳並通飭
一體嚴防為禱。

湖南省主席薛岳來府衛三真印

● **國民政府軍事委員會委員長侍從室第二處稿**

文號：10526 號

日期：30 年 12 月 15 日

東陽湖南省政府薛主席勛鑒：

來府衛三真電悉，密閱於防治鼠疫辦法前經行政院分別
規定辦法頒行在案。所請宣佈敵寇暴行一節，已交中央
宣傳部與衛生署商洽辦理。

中

亥刪侍秘

● **國民政府軍事委員會委員長侍從室第二處稿**

文號：10521 號

日期：30 年 12 月 15 日

宣傳部王部長：

據湖南薛主席真電，稱上月支辰在本省常、桃散播顆
粒，常德因以發生鼠疫，先後染疫民眾二十二人，死
十五人，經各方細菌專家、醫師會同研究檢驗，證實敵
機所播確係鼠疫桿菌。惟此疫性烈，隨時爆發堪虞，除
飭密防治，期絕根株外，理合電懇宣布敵寇暴行並通飭
一體嚴防等語；除防治鼠疫辦法業經行政院規定有案，
並電復外，關於宣布敵寇暴行一節，希與衛生署商洽辦
理為要。

中

亥刪侍秘

● 呈報常德鼠疫發生經過及本府防治情形仰祈鑒核示遵由

文號：來府三字地 650 號

日期：30 年 12 月 31 日

案准衛生署金署長防一戌陷電以奉鈞座手令。常德鼠疫應切實防治詳報等因，轉屬查照辦理等由到府，自應遵辦。茲謹將本案發生經過，及本府防治情形分呈於左：

甲、鼠疫發生之經過

一、敵機一架於十一月戌支晨五時，在常德桃源一帶低飛散播谷米、小麥、紅色小粒布條、軍氈小條等物，以常德雞鵝巷、關廟街等處散落最多。經常德縣警察局檢送常德衛生院，由該院會同該縣美僑設立之廣德醫院以顯微鏡檢驗，發現類似鼠疫桿菌。

二、十一月十二日常德廣德醫院診室一十二歲之蔡姓女孩，據云十一夜起發病高熱、神志不清。經該院抽血液塗片檢驗發現類似鼠疫桿菌。患者十三日晨八時死亡，下午屍體解剖並作細菌培養檢驗，亦發現同樣桿菌。

三、十三日復有聶述生者住關廟街，男性五十八歲赴廣德醫院求診，腹股溝淋巴腺腫大，抽淋巴腺檢驗發現類似鼠疫桿菌，病者當晚死亡。次日該院又接紅十字會第二中隊自德山送來，淋巴腺液塗片經染色檢驗亦發現同樣桿菌。

四、自十一月十日起至同月十九日止，常德共發現患者十五人，死亡者十二人，其中四人作屍體

解剖均發現鼠疫桿菌。

五、自十一月二十日以後病例尚少，但至二十四日晚常德關廟街居民龔超勝，男性年二十八歲，忽患急病身死，經軍政部戰時衛生人員訓練所檢驗學組主任兼中國紅十字會救護總隊部指導員陳文貴醫師以培養及動物試驗，均證明確係鼠疫身死，至此常德鼠疫遂得確實證明。

六、統計常德鼠疫自十一月十日起至同月二十四日止，共發現患者二十一人，內死亡者十五人，經鏡檢化驗者五人均係當地居民。

乙、本府防治情形

一、本府接獲各方報告及廣德醫院檢驗，證實確係鼠疫桿菌之消息後，當經：（一）電呈鈞座暨孔副院長、何總長、六戰區司令長官陳、九戰區司令長官薛報告，並分電軍政部、軍醫署及贛鄂川黔粵桂諸省府查照。（二）電衛生署請迅派專家攜藥械前往防治。（三）電常德第四戰區歐專員及鄭縣長督飭武裝封鎖疫區，並舉辦交通檢疫，設置隔離病院。（四）分電各縣注意防範，並指示緊急處置辦法四項。（五）分電鄰近縣份舉辦檢疫工作。（六）飭省衛生處：（1）派該處主任技正鄧一韙、工程師劉厚坤、衛生稽查長梅朝章、檢疫員李承材攜帶儲備之鼠疫血清疫苗及各種藥品、器材趕往防治。（2）續加購鼠疫血清及疫苗等藥械。（3）匯款應付緊急開支。（4）加緊防治宣

傳，擴大殺鼠滅蚤運動。（5）速調巡迴衛生工作隊前往常德增員協防。

接獲各方關於細菌學專家陳文貴鑑定證實確係鼠疫之消息後，認為真相大明事態嚴重，而敵人陰謀滅我種族散播毒菌，實施細菌戰之毒計亦已明確。復經電呈鈞座及中央各長官、六九戰區長官報告並分電各方宣露敵寇暴行；電請衛生署統籌防治機構，指派專家主持以一事權，並請撥鉅款及大量藥械常川駐湘指導；一命令飭省衛生處處長張維攜帶最近訂購寄到之鼠疫血清疫苗等藥械馳復常德指導防治，為周密預防計並訂定防禦鼠疫實施辦法十項分發各縣張貼共同遵守。

本案發展情形俟接得報告隨時續呈。

以上常德發生鼠疫經過及本府防治情形，理合縷呈察核伏候核示祇遵。謹呈軍事委員會委員長蔣。

湖南省政府主席薛岳

● **國民政府軍事委員會辦公廳用箋**

日期：31 年 1 月 3 日

案奉交下行政院函送「防止敵機散播鼠疫桿菌實施辦法審查會議紀錄」一份。除承辦會代電通飭會鼠各機關遵照外，相應抄附上項紀錄一份，函送查照為荷。此致委員長侍從室第二處。

附審查會紀錄一份

國民軍事委員會辦公廳啟

● **行政院代電**

文號：勇陸字第 19997 號

日期：30 年 12 月 21 日

院長賜鑒：

三十年十一月三十日侍秘四字第 10301 號代電奉悉，關
於製造鼠疫苗及準備化學藥器各節，已飭衛生署就必須
數量趕速製造購運並造具預算呈核。至防制敵機散播鼠
疫桿菌實施辦法，業由院召集有關機關開會審查後，准
照審查意見辦理分行遵照。謹抄附審查紀錄復請鑒核。

祥熙叩馬院六印

抄附審查紀錄一份。

**軍事委員會電轉防制敵機散播鼠疫桿菌實施辦法案審查
會紀錄**

時間：30 年 12 月 13 日下午 3 時

地點：行政院會議廳

出席：衛生署容啟榮

　　　中國紅十字會湯蠡舟

　　　軍事委員會辦公廳林秋義

　　　軍醫署李穆生

　　　財政部梁培湘

　　　行政院張羣

主席：張群

紀錄：鄭英

審查意見：

（一）本辦法經查尚無不合，擬通飭施行。（二）復查

鼠疫之預防及治療應併重，現在防治之藥品本國可以製造，已由院飭衛生署就必須數量趕製。至醫療主藥為新出之美國化學藥品 Sulfathiazole，衛生署現存者不過五萬粒。中國紅十字會所存者確數不詳，但亦不多。美國紅十字會捐贈我國，惟尚存港未運國內者五十萬粒，計共不過百萬餘粒。按鼠疫患者，每人須服此藥百粒，始能有效。即令存港之藥全部內運，亦只能供一萬人之用，一旦急需殊感不敷，擬一面令該署等多事準備；一面再由院令交通部予以航運之便利，並函運輸統制局協助內運。附辦法及須知各一份。

防制敵機散播鼠疫桿菌實施辦法

一、請軍事委員會、行政院通令全國各軍政機關飭知，敵人有利用細菌兵器之企圖須嚴密防範。

二、請軍事委員會通令全國防空機關轉飭擔任防空監視哨之軍民人等，一致嚴密注意敵機擲下物品，並切實按照「處理敵機擲下物品須知」辦理。

三、由軍政部通令全國各地軍旅防疫機關一致注意防範，並充實防疫及檢驗器材。

四、由衛生署通飭全國各地省市衛生主管機關轉飭所屬一體注意防範，並準備防疫及檢驗器材。

五、由軍醫署、衛生署及中國紅十字會總會救護總隊部積極準備預防及治療鼠疫藥品，並會同向國外函請捐助各種治療及預防鼠疫器材，如氰酸氣噴霧器及 Sulfathiazole 等。

六、由衛生署令飭中央及西北防疫處充分準備鼠疫疫苗

發售。

七、由衛生署印發鼠疫宣傳品。

八、由軍政部、衛生署分別令飭各軍旅、省市衛生機關
　　設法訓練各該地之擔任防空人員，灌輸防疫及消毒
　　常識，俾能于必要時指置裕如。

九、在某地有鼠疫發生時，該省衛生主管人員應立即馳
　　往該地，聯合當地有關各方組織臨時防疫聯合辦事
　　處，務于最期間內予以撲滅。

十、請軍事委員會通令全國對于防疫工作應軍民合作，
　　戮力同心，以赴事功。

十一、如某地發生鼠疫應由地方負責自籌經費極力防
　　　制，必要時得呈請中央撥款或派員協助防治。

十二、如有鼠疫或疑似鼠疫發生時，應即按照戰時防
　　　疫聯合辦事處所訂之「疫情報告辦法」切實辦
　　　理之。

處理敵機擲下物品須知

各地擔任防空之軍民人等於發現敵機擲下物品後，應注
意下列各項：

（一）所有擲下物品均應認為有沾染毒菌或毒物之可
　　　能，務須避免用手直接接觸該項物品，即用掃
　　　除或集合該項物品之器具，用後亦應消毒。

（二）嚴防擲下物品內摻有能傳染鼠疫之跳蚤。

（三）對擲下物品以立刻就地消滅為原則。

（四）除當地有檢驗設備之衛生機關可通知其派員來取
　　　一部分外，餘一概應予消滅，負責檢集該項物

品之人員尤須特別注意避免跳蚤之叮咬。

（五）對擲下物品之地區如面積不廣，應先用消毒藥水
　　　充分噴灑，然後將該項物品集合一處，加入燃
　　　火物澈底焚燒之，消毒藥品可用百分之二來沙
　　　兒，或千分之一石炭酸，或煤焦油醇百分之五
　　　漂白粉溶液，或石灰水（石灰一份，水四份）。

（六）如擲下物品甚多，沾汙之地區面積較廣，必須
　　　先集合各物然後予以消毒時，仍應磺黃用消毒
　　　藥水噴灑整個地區，如消毒藥水不敷時，所有
　　　居民至好暫時離開。猛烈之陽光經六小時以上
　　　後，亦可收消毒之效。

（七）如擲下物品亦可供鼠食者更應注意澈底毀滅，否
　　　則若其中摻有染有鼠疫桿菌之跳蚤，鼠類易遭
　　　傳染，隨後播及人類。

● **為據衛生署代電此次常德發生鼠疫各情函請查照轉
　陳由（國民政府軍事委員會辦公廳公函）**

文號：辦四渝（二）政字第 26240 號

日期：31 年 2 月 28 日

據衛生署金署長卅一防字第 147 號子江代電，稱查此次
常德發生鼠疫，本署先後據報證實病例已有八人。所有
疫情業經編呈第十二號鼠疫疫情緊急報告送請鑒核在
案。茲據本署派往常德防疫外籍專員伯力士博士（Dr.
Pollitzer）自常德電稱：「常德鼠疫案情況證據確敵方
所為，最後病例發現於皓（十二月二十）日。惟迄今無
疫鼠發現，仍需繼續考察詳情，另行快函呈報。」等

情；除俟詳函到署另電呈報鈞會外，謹先電陳敬祈鑒督
等情到會，除承辦會電復悉外，相應函請
查照轉陳為荷。此致侍從室第二處。

● **國民政府軍事委員會委員長侍從室第二處稿**
文號：川 16698 號
日期：31 年 3 月 18 日
逕啟者，頃准貴廳移送渝孝字第 4526 號關於軍醫署、
衛生署會呈修正處理敵機擲下物品須知代電一件，查該
文內所稱三十年十一月衛（30）戌渝字第 801730 號防
戌養代電曾由本處承辦，並以戌陷侍秘代電貴廳飭將防
制敵機散播鼠疫桿菌實施辦法加以審核後通飭施行，嗣
並於貴廳一月三日函謂旖同飭會屬各機關遵照在案。茲
後據該兩署呈請前來，相應將該原代電隨函抄附還印查
照併案核辦為荷。此致本會辦公廳。

● **呈復遵電辦理宣傳敵機在常德播散鼠疫桿菌暴行經**
過敬祈鑒核由
文號：渝美宣字第 25405 號
日期：31 年 4 月 4 日
案奉鈞座侍秘字第 10521 號代電，略開據薛主席電稱敵
機在常、桃播散鼠疫桿菌，請飭嚴防並宣佈其暴行等
語。關於宣佈其暴行一節，飭與衛生署商辦等因；奉
此，遵經商請衛生署提供意見。茲准該署送來「防治常
德鼠疫報告」一冊，證明此次常德發生鼠疫確係由敵機
散播鼠疫桿菌或染疫跳蚤傳染所致。查敵機播散鼠疫雖

經證明確實，但為避免引起一般人民之恐慌心理起見，現決定在國內暫不宣傳。至於國際方面已由世杰於三月三十一日招待外籍記者席上對敵寇散播鼠疫之暴行詳予聲述，並由部將該原報告轉送外交部，請其轉送各同盟國政府注意，惟為加緊防範計，擬請鈞座轉飭行政院及軍事委員會分別嚴令各省市政府、各軍事機關暨與衛生防空有關各機關嗣後對於敵機投下之任何物品應嚴密監視，禁止人員撿拾，一概由指定之警察、衛生等人員處理。再衛生署擬在美採購防止鼠疫藥品已由該署電美購辦，擬乞電知送部長子文力予協助，俾獲提前購運回國應用。奉電前因理合將辦理情形備文呈復敬祈鑒核。謹呈總裁蔣。

中央宣傳部長王世杰

● 國民政府軍事委員會委員長侍從室第二處稿

文號：16998

中央宣傳部王部長勛鑒：

四月四日渝美宣字第 25405 號呈悉，關於敵機散放疫菌時之處理辦法，已由軍醫、衛生兩署會擬，呈經行政院與本會同飭施行矣。

中

卯庚侍秘 11921 號

● **國民政府軍事委員會便用箋**

日期：31 年 4 月 19 日

湖南常德鼠疫復熾，居民病死者日眾，蔓延堪虞，應即
由軍醫署與衛生署會派專員前往，儘速設法撲滅為要。

● **國民政府軍事委員會委員長侍從室第二處**

文號：侍秘川字第 12088 號

日期：30 年 4 月 22 日

軍醫署盧署長、衛生署金署長鑒：

據報湖南常德鼠疫復熾，居民死者日眾，該地貴湘此要
衝，蔓延堪虞，應即由該署會同衛生、軍醫署訊派專員
前往，儘速設法撲滅為要。

中

卯養侍秘

● **軍政部軍醫署快郵代電**

文號：衛（卅一）卯渝字第 800821 號

日期：31 年 4 月 28 日

軍事委員會委員長蔣鈞鑒：

卯號侍秘電奉悉，查此次常得鼠疫復熾，業經本署會衛
生署派戰時防疫聯合辦事處主任委員容啟榮趕往疫區指
導防治，以期迅速撲滅，並于四月十九日擬具部隊方面
對于常德鼠疫緊急處理辦法案，內呈報在案謹電呈復，
恭請鑒核。

軍醫署署長盧致德卯儉衛

● 奉查自常德發生鼠疫以來曾派防疫專家駐常防治鼠疫工作情形乞核由

文號：辦公廳渝孝字第 8719 號

日期：31 年 4 月 30 日

衛生署快郵代電

文號：卅一防字第 7004 號

軍事委員會委員長蔣鈞鑒：

刻奉鈞會卅一年四月廿日侍秘字第 12088 號代電，以常德鼠疫復熾，飭速派專員前往儘速設法撲滅等因。奉此，查自常德發生鼠疫以來，本署曾派防疫專家，本署外籍專員伯力士博士（Dr. Pollitzer）及醫療隊第十四醫防巡迴對等駐常工作。目前又增派第二衛生工程隊前往，該隊一行業已到達疫區開始工作。復查此次常德鼠疫復飭，經據醫療防疫隊第二大隊長石茂年本月十九日電稱已親由芷江抵常德，並急電調第四防疫醫院一部份及第十醫防巡迴隊全隊來常參加工作。此外，本署已分電各有關機關及轉飭駐湘各防疫人員一體注意防治。特加派本署防疫處處長容啟榮赳日由渝飛桂轉湘，前往疫區指導防治工作。業經于本月二十九日以卅一防字第 7003 號防卯艷代電呈報鈞會各有案，奉電前因理合將本署已派專員前往常德督導防治工作情形電呈鑒核為禱。

衛生署署長金寶善叩防卯引

● **查常德鼠疫疾近復猖獗情勢頗為嚴重已另電飭注意防治等情乞核由**

文號：辦公廳渝孝字第 8718 號

日期：31 年 4 月 30 日

衛生署快郵代電

發文號：卅一防字第 7003 號

日期：31 年 4 月 29 日

軍事委員會鈞鑒：

查常德鼠疫近復猖獗，情勢頗為嚴重，已另電飭駐常各防疫人員一體注意，加緊防治。茲再派本署防疫處處長容啟榮赳日由渝飛桂轉湘，指導防治工作；除電陳行政院外，理合電請鑒核備查。

衛生署署長金寶善叩卯艷印

● **常德桃源鼠疫概況難免不再爆發容處長暨各專員僉以前呈經費概算不敷甚鉅擬請俯允追增為一百二十萬元並先予緊急支付四十萬元乞核示**

文號：10172 號

日期：31 年 6 月 18 日

無線 17926 號

重慶委員長蔣、軍政部長何：

密，常德鼠疫遵奉訓示督飭防治，期早消滅。近承衛生、軍醫兩署會派防疫處長容啟榮來湘，經派衛生處長張維陪同馳往視導疫區頗為遼闊，常德染疫之鼠幾遍全城春季死二十九人，桃源莫林鄉繼後發現腺鼠疫，旬日間死七人。當經派隊防治，暫雖已告肅清，難免不再爆

發，詳情另文呈報容處長暨各專家討論。僉以本府前呈防禦鼠疫七十萬零二千六百元經費概算不敷甚鉅，擬請俯允追增加為一百二十萬元，並先予緊急支付四十萬元以應迫切需要，計劃概算容另核。謹電呈明伏乞示遵。

　　　　湖南省政府主席薛岳叩來府財計衛三刪

● 國民政府軍事委員會委員長侍從室第二處稿

文號：川字第 12802 號

日期：31 年 5 月 20 日

東陽薛主席來府財刪電悉，密，已交行政院核辦。

　　　　　　　　　　　　　　　　　　中

　　　　　　　　　　　　　　　　巳智恃秘

● 國民政府軍事委員會委員長侍從室第二處稿

文號：侍秘二川字第 12805 號

日期：31 年 5 月 22 日

行政院陳秘書長勛鑒：

據湖南省政府薛主席來府財刪代電，稱常德鼠疫近承衛生、軍醫兩署會派防疫處長容啟榮來湘，經派衛生處長張維陪往視導，染疫之鼠幾遍全城，春季死廿九人，桃源莫林鄉繼又發現腺鼠疫，旬日間死七人。當經派隊防治，暫雖已告肅清，難免不再爆發。本府前呈防疫概算費七十萬二千六百元，經費不敷甚鉅，擬請俯允追增加為一百貳拾萬元，並先予以緊急支付四十萬元以應急需，計畫概算費另呈核等語。特轉核辦。

中

巳養

● **常德鼠疫防治經費核發情形**

文號：順會字第 12860 號

日期：31 年 7 月 1 日

重慶軍事委員會勛鑒：

巳號侍秘二代電敬悉，湖南省常德鼠疫案前據該省政府
迭電呈請撥款防治到院，經提出本院第五六七次會議決
議：「准撥七十萬元，並先以緊急命令撥四十萬元」，
並電飭湘省政府知照在案。上項經費似可足敷支應，准
電前由相應電復查照為荷。

行政院午東計四印

民國史料 28

國民政府抗日戰場中的
反細菌戰（一）

Anti-Germ Warfare during the Second
Sino-Japanese War, Section I

主　　編　許峰源
總 編 輯　陳新林、呂芳上
執行編輯　林弘毅
排　　版　溫心忻

出 版 者　　開源書局出版有限公司

香港金鐘夏慤道 18 號海富中心
1 座 26 樓 06 室
TEL：+852-35860995

民國歷史文化學社 有限公司

10646 台北市大安區羅斯福路三段
37 號 7 樓之 1
TEL：+886-2-2369-6912
FAX：+886-2-2369-6990

銷 售 處　　源流成文化 股份有限公司

10646 台北市大安區羅斯福路三段
37 號 7 樓之 1
TEL：+886-2-2369-6912
FAX：+886-2-2369-6990

初版一刷　2020 年 6 月 30 日
定　　價　新台幣 300 元
　　　　　港 幣　80 元
　　　　　美 元　11 元
I S B N　978-988-8637-72-0
印　　刷　長達印刷有限公司

台北市西園路二段 50 巷 4 弄 21 號
TEL：+886-2-2304-0488